Wünschenswert wäre ein öffentlicher Diskurs über die Anreiz- und Belohnungssysteme, die wir in den unterschiedlichen Gebieten der Gesellschaft aufgebaut haben. Zunächst eher analytisch vorgehend, will der Band dennoch zur Neujustierung anregen. So wie in der Wissenschaft, der Politik, der Wirtschaft, der technischen Entwicklung die einzelnen Belohnungssysteme historisch gewachsen sind und dort zum Teil eine Zeitlang ihre Erfolge und Berechtigung hatten, so diffundieren jetzt diese eher lokalen Belohnungssysteme in jeweils andere Bereiche hinein. Politik versucht die Wissenschaft zu usurpieren, Wissenschaft und Bildung werden ökonomisiert, die Wirtschaft wird von technischer Entwicklung abhängig, und die Frage, welche Technik zum Durchbruch kommt, wird zu einer Frage der finanziellen Investition – Technikherstellung und Technikgebrauch werden verrechtlicht und anderes mehr.
Deshalb ist dieses Thema für alle von Interesse, die sich in den Überschneidungsbereichen dieser Subsysteme befinden, beziehungsweise für alle diejenigen, die feststellen, daß in ihrem eigenen Bereich die Belohnungssysteme nicht mehr greifen, weil sich die Erfolgsbedingungen dafür geändert haben. Oder weil womöglich die Belohnungen von falschen Voraussetzungen ausgehen, die bisher als unausgesprochene Selbstverständlichkeiten akzeptiert waren. Eine Möglichkeit besteht darin, den Zeithorizont der Belohnungssysteme zu verlängern. Damit verringern sich die Gefahren von Konflikten.

Klaus Kornwachs, Dr. phil. habil., geboren 1947, Professor für Technikphilosophie an der Brandenburgischen Technischen Universität Cottbus und der Universität Ulm. Gastprofessuren in Wien und Budapest. Industrienahe Tätigkeit als Systemtheoretiker in der Fraunhofer-Gesellschaft, u. a. in Technikfolgenabschätzung. Forschungsgebiete: wissenschaftstheoretische Analyse der Technik; Verhältnis von Kultur und Technik. Forschungspreis der Alcatel SEL-Stiftung für Technische Kommunikation, Mitglied u. a. der Deutschen Akademie der Technikwissenschaften (Acatech), zahlreiche Buch- und Zeitschriftenveröffentlichungen.

Zuviel des Guten
Von Boni und falschen Belohnungssystemen

Klaus Kornwachs

Suhrkamp

Die *edition unseld* wird unterstützt durch eine Partnerschaft mit dem Nachrichtenportal *Spiegel Online*. www.spiegel.de

edition unseld 27
Erste Auflage 2009

Originalausgabe

Druck: Druckhaus Nomos, Sinzheim
Umschlaggestaltung: Nina Vöge und Alexander Stublić
Printed in Germany
ISBN 978-3-518-26027-2

1 2 3 4 5 6 – 14 13 12 11 10 09

Zuviel des Guten

Inhalt

1 Warum man dieses Buch lesen sollte

> *»Die öffentlich zugelassenen Definitionen erstrecken sich darauf, was wir zum Leben brauchen, aber nicht darauf, wie wir leben möchten, wenn wir im Hinblick auf erreichbare Potentiale herausfinden, wie wir leben könnten.«*
>
> Jürgen Habermas[1]

Wer belohnt, hat Macht über das Verhalten anderer. Es geht um Belohnungen, um solche, die zu richtigem Verhalten führen, und solche, die Menschen auf den falschen Weg bringen können. Deshalb sollte man die vielfältigen Belohnungssysteme immer wieder auf ihre Auswirkungen überprüfen und nötigenfalls neu justieren. Das heißt dann auch, die Frage nach denen zu stellen, die über Belohnungen und deren Anlässe befinden, heißt also die Machtfrage zu stellen: Werden wir falsch belohnt, werden womöglich die Falschen belohnt, und entscheiden denn die Richtigen über die Belohnungen?

Mehr vom Gleichen heißt die Devise, wenn einem nichts mehr einfällt. Das gilt in der Technik, in der Politik, in der Wirtschaft. Dadurch entsteht nicht selten ein »Zuviel des Guten«, oft gut gemeint, aber verheerend im Resultat. Es dejustiert die Steuerung der Systeme, aus denen wir unsere Gesellschaft aufgebaut haben. In dem Begriff »dejustieren« steckt die Hoffnung, daß man da auch wieder etwas geraderücken kann, ohne in eine Totalkritik des kapitalistischen Wirtschaftssystems verfallen zu müssen, das es in einer Reinform ohnehin nicht gibt.

Auch Technik kann sich als falsch eingestellt erweisen, wenn wir falsch damit umgehen. Straßenbrücken ragen dann ohne Anschluß in die Landschaft, ein Schneller Brüter wird rasch zum faulen Ei, Benutzeroberflächen werden so lange in die falsche Richtung »optimiert«, bis ihr Nutzwert für den durchschnittlichen Nutzer gegen null geht – Beispiele, die sinnfällig für Optimierungen in falsche Richtungen stehen. Auch dies kommt – das ist eine These dieses Buches – durch die falschen Belohnungen zustande, die wir den Technikmachern versprechen und auch geben. Diese falschen Belohnungen kommen nicht nur aus falschen Zwecksetzungen, sondern auch aus dem Elend des Gutgemeinten.

Man kann nicht gegen die Physik konstruieren, aber man kann Herstellung, Anwendung und Gebrauch der Technik reichlich schräg organisieren. Man ist in der Gestaltung gerade der Organisationsformen unseres technischen Handelns ziemlich frei, bei der Berechnung einer Brücke aber nicht. Die externe Gestaltung von Technik hängt primär und im Regelfall von den technischen Möglichkeiten *und* den ökonomischen Gestaltungsspielräumen ab, d. h. konkret von dem Investor, der Gewinnerwartungen hegt und deshalb viel Geld in die Hand nimmt. Korrumpierbarkeit beginnt da, wo sich Zwecksetzungen gegen andere Zwecksetzungen mit Hilfe von Macht, Belohnungen oder auch Bestechungssystemen durchsetzen können. Das führt dann zu zweifelhafter, wildgewordener Technik, zu einkalkulierten Sicherheitsmängeln, zu den Havarien in großen technischen Systemen und zu dem, was man Overengineering nennt.

Falsch eingestellte Belohnungssysteme verzerren wohlgemeinte Technik ebenso wie ursprünglich klug entworfene Organisationsformen und gesellschaftliche Prozesse – in ihrer Gestaltung, ihrem Gebrauch und ihrer Entsorgung oder ihrem zuweilen notwendigen Rückbau. Die Anwendung von Technik erfolgt dann nicht mehr im Sinne des Erfinders, wenn sie die Rolle eines Verstärkers von organisatorischen, wirtschaftlichen, sozialen und politischen Fehlentscheidungen spielt oder wenn aus dem Lot geratene Organisationen Technik und Politik zum Versagen bringen.

Aber ist eine ganze Gesellschaft durch falsche Strukturen der Belohnung zu korrumpieren? Wenn man Subsysteme wie Wirtschaft, Wissenschaft oder Politik als horizontal gliedernde Strukturelemente der Gesellschaft betrachtet, dann können auch diese Elemente vermutlich korrumpiert werden.[2] Sind auch formale Institutionen wie die Bildung korrumpierbar? Bei wissenschaftlichen Instituten und deren Mitarbeitern scheint das möglich zu sein – aber gilt das auch für das System Wissenschaft als Subsystem der Gesellschaft? Dieses System halte ich schon deswegen für fehlgesteuert, weil wir Hochschulen und Institute nach quantitativ bestimmbaren Größen aus der Ökonomie zu belohnen begonnen haben. Man muß befürchten, daß über kurz oder lang die Wissenschaft aus dem Ruder läuft, weil durch solche Maßnahmen Geld primär in *puzzle solving science*, also in mehr und Besseres vom Gleichen fließt und nicht in die breite Masse einer freien, originellen Forschung, aus der – nach aller historischen Erfahrung – noch immer die besten, weil überraschenden Ergebnisse kommen.

Das Buch will zeigen: Es sind die falschen Belohnungssysteme, die aufgrund von Tradition, Schlamperei, Gewohnheit, Vorteilsnahme, voreiliger Schlauheit und der Dominanz des naturalistischen Denkens in den Wirtschaftswissenschaften und deren philosophischen Überbauten wirkmächtig geworden sind. Man kann sie analysieren – und man kann sie ändern, wenn man nur will.

Man muß sich nur einmal – das soll hier zunächst ganz unsystematisch geschehen – einige Erscheinungsformen der falschen Belohnungen vor Augen führen:

Da wäre das Peter-Prinzip, wonach die meisten Menschen im Berufsleben, insbesondere in Behörden, so lange befördert werden, bis sie das Stadium ihrer Inkompetenz erreicht haben und von dort nicht mehr wegzukriegen sind.

Da wäre der natürliche Feind eines jeden kreativen Menschen: die Verwaltung schlechthin. Sie strengt sich an, ja keine Fehler zu machen, wird aber dafür belohnt, Möglichkeiten überall da einzuschränken, wo ihre Realisierung etwas kosten könnte.

Da wären die Medien, die sich durch die Quote belohnen lassen und dadurch so unglaublich kindisch geworden sind, daß sie sich an das Niveau angenähert haben, von dem sie meinen, es sei dasjenige des Publikums.

Da wäre der Umstand, daß sich Unternehmer und Finanzbeamte schon deshalb nie verstehen werden, weil sie unterschiedliche Belohnungswelten bewohnen.

Da wäre ein Mißverständnis aufzuklären. Man kann in der Wirtschaft, der Gesellschaft und der Kommunikation zwar gesetzmäßige Zusammenhänge formulieren. Aber das sind keinesfalls Naturgesetze, sondern Ausdruck ökonomischer Willensbildungen und Spielregeln im mathematischen Gewand.

Da wäre die Technik, die wir für selbstverständlich halten, und da sind die Macher, die ungestört alles ausprobieren dürfen – auf Kosten des naiven Benutzers.

Da wäre das Ärgernis, daß nicht der Kunde zählt, sondern das Marketing, nicht der Zuschauer, sondern die Redakteurskollegen, nicht die Qualität, sondern das Gehalt, und das Ärgernis, daß Redakteure und Medienmenschen nicht für die Leser, Zuschauer oder Zuhörer produzieren, sondern für den Kollegen nebenan.

Da wäre die Einsicht, daß Geld nicht mehr wichtig ist, wenn man sich morgens im Spiegel nicht mehr anschauen kann, weil man Integrität nicht kaufen kann.

Da wäre die Notwendigkeit der Anerkennung, von der Georg Wilhelm Friedrich Hegel gesprochen hat, die jedes Bewußtsein braucht, und der Mensch, der um schäbigen Ersatz hierfür bettelt, um Aufmerksamkeit.

Da wäre die Selbstachtung, die durch Statussymbole nicht dauerhaft zustande zu bringen ist.

Da wäre die Einsicht, daß wir nur manchmal rational handeln und unsere Affekte eine viel größere Rolle im Wirtschaftsleben spielen, als es die meisten Ökonomen bisher wahrhaben wollten.

2 Vom Lohn

Im Weinberg geht es ungerecht zu

In der Bibel ist von Lohn oft die Rede, aber zuweilen doch anders, als man erwartet. Oft genannt – mit einem entsprechenden Schaudern – wird die alttestamentarische Forderung »Aug' um Aug', Zahn um Zahn«. Die Stelle lautet im Buch Exodus aber etwas anders, sie verweist weniger auf Rache denn auf Schadensersatz: »Ist weiterer Schaden entstanden, da mußt du geben: Leben für Leben, Auge für Auge, Zahn für Zahn, Hand für Hand, Fuß für Fuß.«[1]

Im Neuen Testament wird dieser Ausgleichsgedanke radikal verworfen. Zwar findet sich in den Seligpreisungen des Matthäus-Evangeliums eine ganz andere Direktive: Die vor Gott Armen, die Trauernden, die Gewaltlosen, die nach Gerechtigkeit Hungernden und Dürstenden, die Barmherzigen, die reinen Herzens sind, die Friedensstifter, die um der Gerechtigkeit willen Verfolgten, die Beschimpften und Verleumdeten – alle sie werden großen Lohn im Himmel empfangen.[2] Das scheint auf einen gerechten Ausgleich für all die erlittene Unbill im irdischen Jammertal hinauszulaufen. Doch Vorsicht ist geboten – der einfache Ausgleichsgedanke ist pures Wunschdenken.

In einer Geschichte[3] wirbt ein Weinbergbesitzer Leute an, ihm bei der Ernte zu helfen. Es ist noch früh am Morgen, man einigt sich auf einen Denar pro Tag als Lohn.[4] In der dritten Stunde, der sechsten und der neunten Stunde heuert der Weinbergbesitzer immer noch Leute an, wird aber etwas vager bei den Lohnverhandlungen: »Ich werde Euch geben, was recht ist.« Selbst in der elften Stunde sammelt er noch Leute ein, die den ganzen

Tag offensichtlich nur untätig herumgestanden sind.[5] Als es am Abend an die Auszahlung geht, kommt die Überraschung – jeder bekommt einen Denar, sowohl derjenige, der zwölf Stunden gearbeitet hat, als auch derjenige, der eben vor Toresschluß gerade mal eine Stunde tätig war. Die Arbeiter murren, weil sie von der Addierbarkeit der Arbeitszeit darauf schließen, daß man auch die Lohnhöhe durch Zusammenzählen ermitteln kann. Genau diese Vorstellung verwehrt der Weinbergbesitzer den Arbeitern, er verweist auf die Vereinbarung über einen Denar, er pocht auf seine Souveränität zu geben, was er für richtig hält, und wirft denen Neid vor, die meinen, die anderen hätten für ihre geringe Arbeitsdauer zuviel bekommen. Der klassische Spruch: »Die Ersten werden die Letzten sein und die Letzten werden die Ersten sein«[6] bekräftigt nochmals die Unmöglichkeit, irdische Gerechtigkeitsvorstellungen auf das Himmelreich anzuwenden. In der Bergpredigt[7] löst sich der Ausgleichsgedanke noch radikaler auf: Gutes tun denen, die einen hassen, auch die linke Wange darbieten, so einer auf die rechte Wange schlägt, bei Leihgeschäften nichts zurückfordern, also gute Dinge tun, und dafür nicht erhoffen, etwas zurückzubekommen – dafür wird der Lohn im Himmel groß sein.

Auch der Koran bestätigt die Wichtigkeit des Glaubens und des rechten Tuns. In der zweiten Sure (Die Kuh) lautet der Vers 62:

> Diejenigen, die glauben (d. h. die Muslime), und diejenigen, die dem Judentum angehören, und die Christen und die Sābier – (alle) die, die an Gott und den Jüngsten Tag glauben und tun, was recht ist, denen steht bei ihrem Herrn ihr Lohn zu, und sie brauchen (wegen des Gerichts) keine Angst zu haben, und sie werden (nach der Abrechnung am Jüngsten Tag) nicht traurig sein.[8]

Dies gilt für den Koran gegenüber allen, unabhängig welcher Religion sie angehören,[9] umgekehrt ist der Tod in der Schlacht der Lohn der Ungläubigen.[10] Es gibt den himmlischen Lohn, den Gott souverän vervielfachen kann, wenn er will,[11] und wer spendet, öffentlich oder heimlich, dem steht der Lohn des Herrn zu.[12] Die Gärten, in deren Niederungen Bäche fließen, wo man ewig weilen darf[13] – offenkundig stand das Bild der Oase vor Augen –, gehören ebenso zur nachtodlichen Belohnung[14] wie die Begegnung mit Jungfrauen im Paradies.[15]

Lohn als Tausch für Arbeitszeit × Arbeitsintensität?

Bei diesem ersten Blick fällt die Unterscheidung auf, die eine Rolle spielen wird: Lohn und Belohnung sind zwei unterschiedliche Dinge, und im Alltag bekommen wir das zu spüren. Der griechische Begriff *misthós* stand für Lohn wie für Belohnung, die griechische Antike machte diesen Unterschied noch nicht. Die lateinische Sprache kennt *merces*, die Entlohnung, im Gegensatz zu *praemium*, der Belohnung. *Merces* ist der Lohn, den man für geleistete und schuldige Arbeit erhält, *praemium* ist hingegen »ein Gutes, das auf einen andern übertragen wird wegen einer in Tun oder Nichttun bestehenden Handlung von einem, der es zu übertragen nicht verpflichtet ist«.[16]

Christian Wolff benutzte wohl als erster den Begriff der Belohnung in symmetrischer Weise im Sinne von Lohn im Verhältnis zur Strafe: »Das Übel, so der Gesetz-Geber mit einer Handlung verknüpfet, als einen Bewegungsgrund sie zu unterlassen, heißet eine Strafe: hingegen das Gute, was er damit verbunden als einen Bewegungs-Grund sie zu vollbringen, eine Belohnung.«[17] Bei den Belohnungen (*praemia*) unterschied Immanuel Kant zwischen *auctorantia* und *remunerantia*: »Auctorantia sind solche B., … wo man die Handlungen bloß wegen der verheißenen B. tut; remunerantia sind solche, … wo die Handlungen bloß aus guter Gesinnung, aus reiner Moralität geschehen.«[18]

In einem funktionalen Sinne können wir heute den Lohn als eine verdinglichte Äquivalenzrelation zwischen Arbeit und Geld sehen. Tauschprozesse sind in arbeitsteiligen Gesellschaften nun einmal unabdingbar, und die Aufgabe besteht darin, ein Äquivalent zwischen Hervorbringungen oder Leistungen, die sich zum Tauschen eignen, zu finden. Tauscht man Produkte oder Naturalien aus, so muß man angeben, welche Menge von einer Produktart oder Naturaliensorte äquivalent zu einer Menge anderer Arten ist: Wie viele Schrauben sind soviel wert wie ein Computer, oder eher antik: Wie viele Kamele sind wie viele Sklavinnen und diese wiederum wie viele Fuder Getreide wert? Diese Äquivalenzrelation gestattet es schließlich, wenn man sie durch Zahlen präzisieren kann, gegenseitig Güter und Leistungen zu verrechnen. Zu den Leistungen gehört nicht nur körperliche Arbeitsleistung, sondern auch die Möglichkeit von Wirkung – andernfalls könnten Energie oder die Kampfleistung eines Soldaten keine Ware werden. Man kann nun alles mit allem kombinieren und untersuchen und wird neben den vielen Möglichkeiten des Tausches die heute wichtigste finden: Entscheidend ist, wie Arbeit getauscht wird. Dabei wird das Produkt aus Arbeitszeit und Arbeitshöhe beziehungsweise Arbeitsintensität[19] wesentlich.

Die in der Gleichsetzung:

Ist der Wert von 4 Mengeneinheiten Getreide = Wert von 1 Kamel,

und beträgt der Wert von 1 Kamel = 400 Denar,

dann ist 1 Mengeneinheit Getreide $^{400}/_{4}$ = 100 Denar wert, enthaltene Abstraktion setzt voraus, daß Geld den Tauschwert in einer linearen Skala quantifiziert. Geld steht für den akzeptierten Wert der Sache oder Leistung, ohne die Sache selbst zu sein. Von daher ist Geld eine verdinglichte Abstraktion. Dies ist jedoch die klassische Sichtweise, nach der Geld aus sich heraus einen Wert haben müßte. Weder beim Gold als Währung noch beim Papiergeld und schon gar nicht beim Plastikgeld, den Kreditkarten, ist dies der Fall. Gerade die Kreditkarte zeigt den informatorischen Charakter des Geldes und damit auch des in Geld ausbezahlten Lohnes: Es ist Träger einer Information über Werte, die bei einem Tausch durch Übereinkunft der Tauschenden eine Rolle spielen oder spielen werden.[20] Damit ist Geld immer auch ein Leistungsversprechen, das, entsprechende Kontexte vorausgesetzt, eingefordert werden kann. Die Funktion des Geldes besteht deshalb primär darin, vergleichbar zu machen, was man zunächst im Hinblick auf den Tausch nicht vergleichen kann, diesen Vergleich vom Einzelfall zu abstrahieren und die Information darüber zuverlässig zu transportieren. Der institutionell festgelegte quantitative Wert ist unabhängig von den Umständen der Entstehung des Produkts oder der Leistung. Daher gilt der Spruch: »Pecunia non olet.« – »Geld stinkt nicht.«[21]

Der Tauschwert ist eine institutionelle Tatsache, keine natürliche Tatsache.[22] Der Wert einer Ware ist eben kein ontologischer, z. B. wie bei Marx, der noch meinte, die im Produkt vergegenständlichte Arbeit müsse seinen Wert bestimmen. Zudem sieht man dem Geld nicht an, in welchem Tauschhandel es gedient hat.[23] Auch sieht man dem Geld nicht an, ob es »ehrlich« verdient worden oder Diebesbeute ist.

Im regulären Fall geben Löhne die Äquivalenz von Arbeitsleistung wieder, *sofern* die Ergebnisse der Arbeitsleistungen weiter verwendbar sind. Von der Vorstellung, daß Arbeit an sich, qua Arbeit, einen Wert habe, sollte man sich daher rasch verabschieden.

Die Idee der Äquivalenz gilt nur bei niedrigen Löhnen

Die Arbeitszeit ist eine endliche Größe in einer individuellen Biographie und daher ein knappe Ressource. Eine kurze überschlägige Rechnung sei gestattet:

Die durchschnittliche Arbeitsspanne im Leben eines Menschen um 2000 dauere vom 20. bis zum 60. Lebensjahr, also 40 Jahre. Arbeitet man pro Woche 40 Stunden, dann erhält man mit 6 Wochen Urlaub pro Jahr bei 46 Wochen/Jahr 1840 Arbeitsstunden pro Jahr. Manager liegen vielleicht bei 60 Stunden in der Woche und machen wahrscheinlich keine Ferien, so daß ihre Arbeitszeit bei angenommenen heroischen 3120 Stunden pro Jahr liegen möge. Die Gesamtarbeitszeit im Leben eines Arbeiters mit 40 Arbeitsjahren sind dann 73 600 Stunden, die eines Managers nach dieser Rechnung 124 800 Stunden.

Arbeitsleistung setzt sich aus der Arbeitsintensität und der Arbeitsdauer zusammen. Beide Faktoren sind naturgemäß endlich. Das natürliche Interesse des Arbeitenden besteht darin, seine knappen »Güter«, hier Zeit und »Qualifikation«, als Fähigkeit zu hoher Arbeitsintensität so teuer wie möglich zu verkaufen.

Das durchschnittliche Nettoeinkommen eines Arbeiterhaushalts pro Jahr liege bei ca. 30 000 Euro.[24] Das würde einem durchschnittlichen Stundenlohn für einen Arbeiter netto von etwa 16,30 Euro/Stunde entsprechen. In einem gesamten Leben kann ein Arbeiterhaushalt (nicht inflationsbereinigt) also netto etwa 1,2 Millionen Euro erwirtschaften.

Nehmen wir nun an, daß ein Jahreseinkommen eines Managers beispielsweise bei netto 2 Millionen Euro liegen mag[25] und damit rund das etwa 66fache des Lohnes eines Arbeiters (30 000 Euro) beträgt. Die Jahresarbeitszeit des Managers mit 3130 Stunden beträgt aber nur das 1,7fache des Arbeiters (mit 1840 Stunden). Würde man den Lohn nach Arbeitskraft, also Arbeitsintensität × Arbeitszeit, bemessen, dann müßte die Arbeitsintensität eines Managers in diesem bescheidenen Fall das 39,3fache der Leistung eines Arbeiters betragen.[26] Bei einem Salär von 10 Millionen Euro müßte dies dann schon das 196fache sein.

Nun kann man annehmen, daß die Arbeitsintensität von den Ausbildungszeiten und dem Niveau der Ausbildung (hinsichtlich der Aufgaben) abhängt, daß die Erwartung honoriert wird, Verantwortung und Risiken zu übernehmen, auch wenn diese Erwartungen in der Regel nicht eingefordert werden. Möglicherweise gehen die Schwere der zu bewältigenden Aufgabe sowie eine gewisse Honorierung des Erfolges mit ein. Trotz all dieser Komponenten ist ein solcher Faktor nicht mehr nachvollziehbar, zumal die Übernahme der Risiken sich erfahrungsgemäß gerade in der Managerbranche in Grenzen zu halten pflegt.

Angesichts dieses Faktors darf man die Frage stellen, was denn ein gerechter Lohn sei. Die lapidare Antwort, daß dies eine subjektive Angelegenheit sei, wird wohl nicht befriedigen.[27] Trotzdem wird immer wieder versucht, Kriterien für eine gerechte Entlohnung zu finden, und so haben sich die folgenden Kriterien in einem »magischen Fünfeck« versammelt: (1) Soll der Lohn marktgerecht sein, dann müßte die Produktivität eines Sektors die Löhne bestimmen. Dies ist zum Teil der Fall, da die Flächentarifverträge sich nach Branchen ausdifferenzieren. (2) Will man leistungsgerecht im Sinne von Erfolg entlohnen, muß die Forderung lauten: Gleicher Lohn für gleiche Leistung. Der Lohn bemißt sich dann nach dem Wert, den das Ergebnis der Arbeit für den Abnehmer hat – ein Werkvertrag ist ein Beispiel für eine rein ergebnisorientierte Entlohnung. (3) Weitere Ausdifferenzierungen würden die Forderung nach einer situationsgerechten Entlohnung nach sich ziehen – der Lohn müßte sich nach den unterschiedlichen Lebenshaltungskosten ausrichten. Die Differenz zwischen den Tarifen Ost und West sollte dieses Kriterium umsetzen, das stößt aber mit Recht zunehmend auf Grenzen der Akzeptanz. (4) Bei einer aufwandsgerechten Entlohnung, d. h. einem an den Anforderungen für die Arbeitsaufgabe orientierten Kriterium vergütet der Lohn aktuelle Anstrengungen (Arbeitskraft × Arbeitszeit) und die vorherige Anstrengung z. B. für die Ausbildung. Das schlägt sich bei uns in höheren Gehältern bei entsprechender Ausbildung und den altersabhängigen Besoldungsstufen nieder. (5) Das Kriterium der bedarfsgerechten, d. h. sozialgerechten Entlohnung berücksichtigt soziale Verpflichtungen wie Familie, speziell Kinder. Ansätze dazu wären Mutterschaftsversicherung, Familienzuschläge und über Steuern finanziertes Kindergeld.

Die Probe aufs Exempel bei den Managergehältern ist einfach: Die Gesamtvergütung setzt sich in der Regel zu 18 Prozent aus sogenannten *long term incentives*, d. h. aktienbasierten Zahlungen wie Stock Options, verfügungsbeschränkten Aktien etc. und zu 82 Prozent aus der Grundbarvergütung zusammen, die wiederum aus 26 Prozent fixem Gehalt und 56 Prozent variablem Anteil besteht. Dieser variable Anteil ist orientiert am Erfolg oder, besser gesagt, an den Erwartungen an den künftigen Erfolg nach Vertragsabschluß und enthält die berüchtigten Bonuszahlungen, Abfindungen, Pensionsansprüche und dergleichen.[28]

Man kann sich nun fragen, welche dieser Bestandteile in welcher Höhe die oben genannten fünf Kriterien erfüllen könnten. Das fixe Gehalt (26 Prozent) könnte man als Anteil ansehen, der sich an der Bemühung orientiert, also dem Kriterium (4) des Aufwandes (einschließlich der erforderlichen Ausbildung) gerecht werden müßte. Hier wird man am wenigsten Probleme haben – denn auch das Kriterium (1), das eine marktgerechte Entlohnung fordert, kann man hier in Anschlag bringen. Daß Manager an den Erfolgen des eigenen Unternehmens beteiligt werden sollen (der Anteil zu 18 Prozent), kann man ebenfalls einsehen – in dem man sie mit allen Chancen und Risiken proportional daran beteiligt. Dies entspricht dem Kriterium (2) der leistungsgerechten, am Unternehmenserfolg orientierten Bezahlung. Zuweilen wird jedoch auch das Kriterium (3) der situationsgerechten Entlohnung ins Feld geführt: Man müsse auf Augenhöhe mit dem amerikanischen Management verhandeln können, und diese Augenhöhe stelle sich über eine Angleichung an die dort üblichen Entlohnungssysteme her, und außerdem müsse man wegen drohender Abwerbung Leistungsträger für die eigene Wirtschaft mit entsprechender Höhe der Entlohnung gewinnen resp. halten. Daß dies geheuchelt ist, weiß auch schon die Tagespresse – es sind bisher vergleichsweise wenige Abwerbungsversuche aus dem Deutschen Management in den Wirtschaftsraum der USA bekannt geworden.

Der variable Anteil von 56 Prozent schließlich, der die berüchtigten Bonuszahlungen enthält, ist weder mit dem Kriterium (2) der Leistungsgerechtigkeit noch mit dem nach dem Bedarf (5) sinnvoll meßbar. Wenn amerikanische Banken, die in der Finanzkrise durch Steuergelder vor der Insolvenz gerettet wurden, danach in Summe mehr Boni an ihre Manager auszahlen, als sie Gewinn nachweisen können, dann kann man sich des Verdachts nicht erwehren, daß sich hier ein Belohnungssystem verselbständigt hat, das ein ganz bestimmtes wirtschaftliches Verhalten massiv bevorzugt.

Daß der Lohn als linear und additiv bemessenes Tauschäquivalent für das Produkt aus Arbeitszeit × Arbeitsintensität gelten kann, stimmt demnach höchstens für niedrige Löhne. Nun waren gewisse Ungleichheiten in einem gewissen Umfang wohl immer schon akzeptiert, und so konnte der ordoliberale Wirtschaftsnobelpreisträger A. Hayek noch in den fünfziger Jahren über seine Beobachtung im Westen Deutschlands berichten:

> Mir ist nicht bekannt, daß einfache Leute jemals dem Boxer oder dem Torero, dem Fußballhelden, dem Filmstar oder dem Jazz-Idol seine hohen Einnahmen geneidet hätten – oft erscheinen sie geradezu eine Ersatzbefriedigung darin zu finden, wenn solche Personen größten Luxus und Aufwand entfalten, demgegenüber derjenige von Industriemagnaten oder Finanzbossen verblaßt.[29]

In jüngerer Zeit scheint sich das erheblich zu ändern – sowohl was die Haltung des Publikums als auch die Entwicklungsstruktur der hohen bis höchsten Einkommen betrifft. Die Schere zwischen dem Arbeitnehmerentgelt und dem Einkommen aus Unternehmen und Privatvermögen, die ja schon immer bestand, hat sich sichtbar weit aufgetan. Setzt man für das Jahr 2000 beide Größen auf 100, um die Schere zu verdeutlichen, erhält man für die Entwicklung der Arbeitnehmerentgelte bis 2008 den Wert 95,2, während für die Einkommen aus Unternehmen und Vermögen der Wert 142,5 erreicht wird.[30]

Ein ganz ähnliche Schere kann man bei der Entwicklung der Managergehälter beobachten: Setzt man den durchschnittlichen Wert der deutschen Vorstandsbezüge pro Kopf für 1987 auf 100, dann liegt der Wert im Jahr 2005 bei rund 520, während die durchschnittlichen Personalkosten auf ungefähr 190, der durchschnittliche Aktienkurs nach einem Hoch mit 350 um das Jahr 2001 im Referenzjahr 2005 bei 290 liegt.[31] Etwa ab 1998 ist selbst bei elastischer Interpretation der Zahlen keine Korrelation von Lebenshaltungskosten, Leistung (im Sinne der Wertsteigerung von Aktien) und dem Anstieg der Managervergütungen mehr erkennbar.[32]

Der Verdacht liegt nahe, daß es sich bei dieser Abkopplung nicht um eine Entlohnung für Leistung oder Erfolg, sondern um eine Art Apanage handelt, die die Zugehörigkeit zu einer bestimmten Eliteschicht – man könnte im Sinne von Dietmar Dath ruhig auch von Klasse sprechen[33] – honoriert. Vom Adel unterscheidet sich diese Schicht jedoch dadurch, daß die Zugehörigkeit zu ihr gesetzlich nicht erblich ist und praktisch nur über verbesserte Startchancen erreicht wird – ein reiches Elternhaus ist meist eine notwendige, aber keine hinreichende Bedingung. Die Zugehörigkeit zu dieser Klasse muß durch gewisse Leistung erworben werden, und wenn es nur die ist, in einem guten Netzwerk die Beziehungen erhalten und ausgebaut zu haben. Die weltweite monetäre Abkopplung dieser Klasse (zu unterscheiden von den Kapitaleignern) ist sicher auch eine Folge der Globalisierung – aber es kommt noch etwas hinzu: Es handelt sich hier um eine Herrschaft von Experten des Flexiblen. Im Laufe seiner Karriere wechselt der Manager die Branchen und Produkte, und diese ökonomische Promiskuität ist nur möglich, weil es letztlich nicht um Produkte und deren Funktionalität, sondern um ihre Vermarktung, auf Marktanteile und die möglichst asymmetrische Gestaltung von weltweiten Tauschbeziehungen geht. Dies scheint der Hobbessche Kampf aller gegen alle in einer Weltbinnenwirtschaft zu sein. In dieser Form der Ökonomie läßt sich die Klasse, die diesen Kampf organisiert und führt, mit der finanziellen Garantie bezahlen, nie zu den Verlierern zu gehören. Das ist ihr Lohn.

Bemühung oder Ergebnis?

Wir sprechen von Tausch und damit von Gegenleistung: Eine Leistung wird erbracht und dann, so meint man, muß sie kompensiert werden. Kompensation meint Ausgleich – eine Leistung erzeugt beim Leistungsempfänger gegenüber dem Leistungserbringer so etwas wie eine Schuld, die ausgeglichen werden muß. Dies hört sich nach dem antiken und mittelalterlichen Substratgedanken an, der dort sowohl quantitativ wie auch qualitativ gedacht wird. Die These ist, daß die herkömmliche Gestaltung von *Ent*-lohnung wie auch der *Be*-lohnung auf diesem, in den positiven Wissenschaften schon längst verabschiedeten Gedanken basiert. Spannend ist dabei, daß die eher normativen Disziplinen wie Jurisprudenz und Wirtschaftswissenschaften diesen Gedanken immer noch benutzen. Es wird zu zeigen sein, daß dieses Ausgleichsdenken nicht ausreicht.

Was wird kompensiert, wieder»gut«gemacht, ausgeglichen? Die Idee, daß der bei der Entlohnung zu kompensierende »Schaden« die eingesetzte und dadurch vergangene Lebenszeit und der durch die Arbeitszeit verlorene Genuß (oder negativ gesehen die Erleichterung von Belastung) sei, findet sich bei Jeremy Bentham, Adam Smith, David Ricardo bis hin zu Karl Marx und hat entsprechend in das Theoriegebäude der Nationalökonomie Eingang gefunden. Dazu komme die Anstrengung, verbunden mit Arbeitsintensität, und eine womöglich ungehörige Ausbeutung, die gerechterweise kompensiert werden müßten. Vergangene Lebenszeit ist irreversibel, sie kann nicht wiedergutgemacht werden, sie kann nur kompensiert werden. Die Entlohnung ist dann die Entschädigung für die aufgewandte Lebenszeit als Arbeitszeit.[34]

Ist Lohn aber wirklich nur Entschädigung für aufgewandte Arbeitszeit? Ist er nicht auch gekoppelt mit Anerkennung einer Leistung in dieser Zeit, einschließlich der Vorlaufzeiten, in denen sich der Betreffende notwendigen Kompetenzen erworben hat, die zu dieser Arbeitsleistung überhaupt erst befähigen? Und wie steht es dann mit den berühmten Reproduktionsbedingungen für Arbeitskraft und Nachwuchs? Wenn nun das Produkt aus Arbeitsleistung = aufgewandte Lebenszeit × Arbeitsintensität (Power, Kompetenz etc.[35]) als wichtig angesehen wird – was ist dann die Lebenszeit eines Menschen wert, wovon hängt sie ab? Von Lebenserwartungen, von nationaler oder ethnischer Zugehörigkeit, von der Zugehörigkeit zu einem bestimmten Wirtschaftsraum? Oder zu einer Klasse oder einem Stand? Und wovon hängt die Einschätzung der Arbeitsintensität ab? Mittlerweile sind wir in den westlichen Ländern wieder soweit, daß diese Entlohnung oder Entschädigung zuweilen nicht zum Leben, sprich zur Erfüllung der Reproduktionsbedingung reicht. Dieser Entschädigungsgedanke hat also nichts mehr mit Erhaltung des Menschen aus eigener Kraft heraus (Subsistenz) zu tun. Er negiert, daß die Reproduktion der Arbeitskraft sich nicht allein aus der Kompensation speisen kann, es sei denn, man würde als Korrektur hierfür notwendige Minimalbedürfnisse zugrunde legen.

Der Widerspruch wird noch schärfer, wenn man sich den Unterschied zwischen Werkvertrag und Arbeitsvertrag ansieht. Geht man von einem Mindestlohn aus, der sich, unabhängig von der tatsächlichen Arbeitsleistung, nach einem Warenkorb der Bedürfnisse[36] richtet, dann müßte ein durchschnittlicher Arbeitstag von acht Stunden bei diesem Mindestlohn genügen, zumindest diesen Warenkorb erstehen, seine Miete bezahlen und seinen sonstigen finanziellen Verpflichtungen nachkommen zu können, nach Marx: zumindest seine Arbeitskraft reproduzieren zu können. Der sozialpolitische Sprengstoff liegt in der Tatsache, daß bitterlich viele Löhne darunter liegen. Die Forderung nach Mindestlohn ist die Antwort darauf. Allerdings ist dies kein Allheilmittel. Denn der Arbeitsvertrag belohnt die Bemühung und nicht den Erfolg – hier wird nach »auf Arbeit« verbrachten Stunden gerechnet. In seltenen und extremen Fällen ist dies die pure Anwesenheit, unabhängig von der meßbaren Arbeitsleistung. Der Werkvertrag hingegen honoriert – man beachte den Begriffswechsel von Entlohnung zur Honorar – den Erfolg, das Ergebnis der Arbeit, des hergestellten Produkts, unabhängig vom Aufwand und der damit verbrachten Lebenszeit. Der Clevere kann mit wenig Aufwand ein rasch angepaßtes Produkt zweimal anbieten, der andere schuftet sich schier tot, weil sein Produkt mühsam zu erstellen ist und keinen Käufer findet. Künstler z. B. arbeiten meistens so, daß sie auf Herstellung und Verkauf von Unikaten angewiesen sind.

Spätestens beim Werkvertrag hat der Kompensationsgedanke dem Tauschgedanken Platz gemacht. Beide bauen auf dem Substratgedanken und der darauf beruhenden abstrahierenden Äquivalenzrelation auf, wie ich sie oben skizziert habe.

Der gegenwärtig zu beobachtende Strukturwandel der Entlohnungsprinzipien geht von einem bisher mehr oder weniger gelungenen Mix aus Leistungsprinzip, einer gewissen Anforderungsgerechtigkeit, dem Gleichheitsprinzip und dem Prinzip der Tarifautonomie zu einem System über, das die bisherigen Gewichte zwischen den obengenannten fünf Kriterien der Lohngerechtigkeit drastisch verschiebt. Mit Hilfe der Dezentralisierung der Tarifpolitik rückt das Marktprinzip an die erste Stelle – dies gilt nicht nur für den Erfolg des Produkts am Markt, sondern auch für den Arbeitsmarkt, der in niedrigen bis mittleren Qualifikationsbereichen ein Anbietermarkt ist. Dies verdrängt das Gleichheitsprinzip und beschleunigt die Entkopplung der individuellen Leistung von der Entlohnung. Die Kriterien der Bedarfsgerechtigkeit und des Auftrags eines Gemeinwesens, Rahmenbedingungen so zu gestalten, daß auch ein sozialgerechtes Wirtschaften möglich ist, werden zweitrangig.

Gerechtigkeit ist schwer auszurechnen, wenn parallel einmal die Bemühung, ein andermal das Ergebnis einer Arbeit Grundlage der Entlohnung ist. Oberflächlich gesehen spielt noch ein gewisser Ausgleichsgedanke bei der Entlohnung eine Rolle, aber er erweist sich als unzureichend. Wie auch, wenn Löhne, wie Statistiker herausgefunden haben, zuweilen sogar von der Körpergröße abhängen?[37]

Entlohnung kann deshalb – vorläufig und im Sinne einer Arbeitshypothese – nicht als eine Kompensation oder gar als ein Tausch beschrieben werden, sondern als ein interessegesteuerter, meist asymmetrischer Verteilungsprozeß von Reproduktionsbedingungen – nicht der Arbeitskraft, sondern des Produktionssystems selbst. Das bedeutet, daß der Arbeitende oder Angestellte nicht seinen Lohn erhält, weil sein Arbeitgeber daran interessiert ist, seine Arbeitskraft zu erhalten, weil er sie braucht, sondern nur insofern er und seine Arbeitskraft zur Erhaltung, zur Erweiterung oder Steigerung der Produktivität kurz- bis mittelfristig beitragen. Daß man dies ganz besonders gut tun kann, wenn man zur Klasse des Managements gehört, gilt von vornherein als ausgemacht. Der Austauschgedanke führt zu falschen Erwartungen an Entlohnungssysteme und zu den verständlichen Empörungen über ungerechte Scheren zwischen verschiedenen Einkommensarten. Und die Empörung läuft ins Leere.

3 Was habe ich davon?

Nehmen wir zum Lohn die Belohnung hinzu, wie sie schon Christian Wolff definiert hat – sie geht über den Lohn hinaus. Wofür werden wir belohnt? Mit Anerkennung, mit Geld, mit Status und zugehörigen Symbolen, mit kleinen Privilegien in der Hierarchie, mit der Bescheinigung von Glaubwürdigkeit bis hin zur Selbstachtung. Von verschiedenen Leuten erhalten wir Anerkennung für ganz verschiedene Dinge, von wieder anderen Leuten bekommen wir Gehalt, Lohn oder Erfolgsprämien, und wieder andere bestimmen darüber, wo wir in der Hierarchie einer Institution angesiedelt sind. Die Sache wird dadurch noch vertrackter, wenn man entdeckt, daß man die unterschiedlichen Weisen der Be- wie Entlohnungen, trotz aller Ökonomisierung des Denkens, nicht miteinander verrechnen kann.

Die große und kleine Unzufriedenheit mit der Gestaltung unserer alltäglichen und damit hochtechnisierten Lebenswelt scheint etwas mit einer Fehljustierung dieser Belohnungs- und Anerkennungssysteme zu tun zu haben. Unterschiedliche Anerkennungssysteme haben mit unterschiedlichen Wertorientierungen zu tun. Werte spiegeln letztlich Menschenbilder wider.

Lohn, Gehalt und Prämien sind nicht alles

Neben den reinen geldlichen Zuwendungen (Lohn, Gehalt, Prämien etc.) hat sich bei den Firmen, zumindest solange es ihnen gutgeht, ein System entwickelt, das man *Incentives* oder Anreizsysteme nennt.[1] Sie spielen nicht nur bei der Motivation von Mitarbeitern eine Rolle, sondern dienen auch dazu, Kunden, Geschäftspartner, Politiker oder Multiplikatoren etc. zu beeinflussen oder zu belohnen. Die Grenzen zwischen der »Pflege der politischen Landschaft«, der Korrumpierbarkeit und der tatsächlichen Bestechung sind fließend. Freilich enthalten solche *Anreizsysteme* auch geldliche Zuwendungen, und es ist zweifellos interessant, wofür solche Sonderzuwendungen gezahlt werden – hier geht es zunächst einmal darum, mit was außer Geld sonst noch be- und entlohnt wird.

Zunächst spielt die Wahrnehmung eine Rolle: Geldprämien scheinen für Mitarbeiter eher als Gehaltsaufbesserung und weniger als Belohnung angesehen zu werden. Sachgeschenke sind bei allen Zuwendungsempfängern kritisch, da in einer Zeit ziemlich gesättigter Märkte fast alle schon alles zu haben scheinen. Interessanter sind da schon Reisen, Wellness-Aufenthalte oder Events, die allerdings steuerlich wie geldwerte Vorteile behandelt werden. Der Haken an der Sache bleibt aber ihre Instrumentalisierung: Letztlich sind solche Veranstaltungen und Reisen wie auch Tagungen darauf angelegt, Informationen und Stimmungen der *Corporate Identity* zu vermitteln, zu Mehrleistung anzuspornen, den Teamgeist zu fördern; sie sind erst in zweiter Linie die Belohnung für ein bestimmtes Leistungsziel, das innerhalb einer vereinbarten Zeitspanne erreicht sein mußte. Solche Events sind geeignet, Emotionen auszulösen; und damit der Mitarbeiter oder Geschäftspartner auch besser versteht, was die Firma von ihm will und worauf er seine Motivation auszurichten hat, sind solche Emotionen gerade richtig. Der gesunde Menschenverstand weiß das schon lange, und Sozialpsychologen und Konsumentenforscher haben das auch empirisch brav nachgewiesen.[2]

Geld mache nicht glücklich, aber es beruhige, meinten in den fünfziger und sechziger Jahren die Eltern der Aufbaugeneration der Bundesrepublik. Der private Unternehmer war für den Umgang mit seinem Geld allein sich selbst oder den Miteigentümern verantwortlich, es war sein Eigentum. Akkumulation von Geld und Besitz galt im Westen und gilt heute global als Ausweis von Leistung, Erfolg und Glück. Eine etwas andere Auffassung zum Geld wurde schon früh in der DDR gesetzlich festgeschrieben: Geld ist »Erfüllungsgehilfe bei der Verwirklichung staatlicher Wirtschaftsprogramme«.[3] Geld durfte demnach nur treuhänderisch verwaltet und verwendet werden – es gehörte letztlich dem Staat. Also konnte man sich damit schlecht belohnen – deshalb nahmen die Privilegien der Nomenklatura in sozialistischen Staaten auch ein solches Ausmaß an, das allen offiziell propagierten Gleichheitsvorstellungen kraß widersprach.

Freilich war auch im Westen und ist heute in der globalisierten Welt Geld immer noch nicht alles.

Anerkennung und Affekte

Anerkennung kann man nicht kaufen, das weiß schon der Volksmund, und wenn man ihm näher aufs Maul schaut, dann lobt er den braven Mann, der sich morgens im Spiegel ohne Gewissensbisse und schlechtes Gefühl ins Gesicht schauen kann. Man kann sich oder jemand anderen mit einem wunderschönen Abend belohnen, der nicht viel kosten muß. Gefühle, Emotionen, Selbstwert und Anerkennung – auch das spielt im Betrieb bei geschickt eingesetzten Anreizen eine Rolle und ist seit den achtziger Jahren das A und O der Mitarbeiterführung, die die Erkenntnisse der Gruppendynamik auszunutzen versucht.

Zunächst ist zu unterscheiden zwischen denen, die belohnt werden, und denen, die sich selbst belohnen. Bei der Selbstbelohnung scheint es klar zu sein – wir schenken uns nicht selbst Geld, aber gönnen uns nach getaner Leistung durchaus etwas. Und dieses Etwas ist eben nicht nur ein geldwertes Gut, das man sich zur Not auch kaufen könnte, sondern liegt meist auf einer anderen Ebene.

Klar wird dies bei der Anerkennung durch andere. Sie ist die Grundlage des Selbstbewußtseins, und das ist – gut hegelianisch – doppelt gedacht: zum einen im Sinn des Wissens darum, welchen sozialen und mentalen Status man habe und wer man sei, zum andern im Sinn der Fähigkeit, seinem eigenen Bewußtsein bei seiner Tätigkeit zuzuschauen und sich dessen bewußt zu werden.[4] Die Anerkennung einer Leistung und noch besser die Anerkennung als Person kann durchaus als Belohnung fungieren. Deren gesellschaftliche Vermittlungen durch Rituale der Institution sind bekannt: Ehrungen, Preise, Erwähnung, die entgegengebrachte Aufmerksamkeit, der bewundernde Blick etc. Selbstredend ist auch heute das Streben nach Anerkennung durch die anderen ein hochrangiger Faktor im Gefüge der Motivationen und Antriebe.

Doch ist auch Selbstbelohnung mit Anerkennung möglich – die Anerkennung durch sich selbst. Ein Ergebnis eines solchen Anerkennungsprozesses ist der Stolz. In ihm wird deutlich, was man von sich selbst hält, er birgt aber die Gefahr der Selbstüberschätzung. Ob die Selbstanerkennung gelingt oder nicht, hängt stark von den Affekten ab, d. h. von den Begierden, die die Natur dem Menschen mitgegeben hat, und die er, je nach Situation, auslebt oder zurückdrängt.

Im dritten Buch seiner *Ethica ordine geometrico demonstrata*[5] hat der holländische Philosoph Baruch de Spinoza (1632-1677) die Affekte in eine immer wieder bewunderte Systematik gebracht.[6] Sie ist eingebettet in den Versuch, die Ethik in geometrischer, d. h. hier axiomatischer Weise aufzubauen. Im Rahmen dieses Kalküls tauchen dann genau 48 Affekte auf. Spinoza versucht, ein Raster zu erhalten, in dem er die Antriebe des menschlichen Verhaltens aus seiner Natur heraus verstehen will – erst dann geht er an eine moralische Beurteilung von Verhalten und Handlungen. Uns interessiert diese Systematik vor allem deshalb, weil wir ja vermuten, daß wir uns gegenseitig auf der Ebene der Affekte belohnen und, so meine These, wir uns auch damit selbst belohnen. Nun könnte man sogleich schließen, daß dann ein rationales Verhalten gar nicht mehr möglich wäre, der Mensch nur noch Knecht seiner Affekte sei. Genau so sieht es aber Spinoza nicht. Er sucht vielmehr nach der Rationalität hinter der Architektur der Affekte,[7] denn mit deren Kenntnis kann man der möglichen Gefahr der Beschränkung der Macht der Vernunft entgegenwirken, indem die Vernunft selbst affektive Kraft gewinnt.[8] Die Absicht seiner Untersuchung ist, daß man durch das Erkennen der Affekte weniger von ihnen abhängig wird.[9] Allerdings macht Spinoza vorher klar, »daß wir nichts erstreben, wollen, verlangen oder begehren, weil wir es für gut halten, sondern daß wir umgekehrt darum etwas für gut halten, weil wir es erstreben, wollen, verlangen oder begehren«.[10]

Der Zusammenhang der Affekte mit einem individuellen, aber auch institutionell vermittelten, gesellschaftlichen Belohnungssystem ergibt sich durch die Frage, womit wir denn außer Geld uns noch belohnen. Es ist das, was durch die Affekte beschrieben werden kann, was man begehren kann oder vermeiden will. Damit spannen sie in gewisser Weise ein Koordinatensystem auf, in dem wir auch nicht-monetäre Belohnungen verorten können. Die innere Struktur dieses Systems gibt uns dann auch Auskunft darüber, wie unsere Entscheidungen über Handlungen, Urteile und Wertungen, selbst in unseren Lebensentwürfen, von unseren Gefühlen, Stimmungen, von den Vorstellungen über unser Zumutesein und damit von Affekten abhängen.

Die nachstehende Tabelle 1 stellt die 48 Affekte zusammen.[11]

Begierde (1),
Lust (2) Unlust (3)
Bewunderung (4) Verachtung (5)
Liebe (6) Haß (7)
Zuneigung (8) Abneigung (9)
Ergebenheit (10) Verhöhnung (11)
Hoffnung (12) Furcht (13)
Zuversicht (14) Verzweiflung (15)
Freude (16) Gewissensbiß (17)
Mitleid (18) Gunst (19) Entrüstung (20)
Überschätzung (21) Unterschätzung (22)
Mißgunst (23) Mitgefühl (24)
Selbstzufriedenheit (25) Niedergeschlagenheit (26)
Reue (27) Stolz (28) Kleinmut (29)
Ehre (30) Scham (31)
Sehnsucht (32)
Wetteifer (33)
Dankbarkeit (34), Wohlwollen (35) Zorn (36) Rachsucht (37)
Grausamkeit/Wut (38)
Scheu (39)
Kühnheit (40) Ängstlichkeit (41)
Bestürzung (42) Gefälligkeit (43)
Ehrgeiz (44)
Schwelgerei (45) Trunksucht (46) Habsucht Geiz (47)
Lüsternheit (48)

Tabelle 1: Die 48 Affekte von Baruch Spinoza[12]

Das Ich und sein Lohn

Bei Spinoza sind die Affekte Auslöser für Verhalten und Entscheidungen. Er spricht zuweilen von Leidenschaften, die verworrene Ideen sind, welche den Menschen dazu bringen, Haltungen zu bejahen, denen sie sonst nicht nachgeben würden. Daraus kann eine Handlung entspringen, muß aber nicht.[13]

Die moderne, sich naturwissenschaftlich verstehende Psychologie sucht hingegen nach den psychophysiologischen Grundlagen der Affekte und der Gestimmtheiten – wie sie zustande kommen und was sie bewirken. Ein kleiner Ausflug in Psychophysiologie der Selbst-Belohnung lehrt, daß das Ich und seine Weisen der Belohnung anders strukturiert sind als die Idee des geldlichen Ausgleichs. Denn es kompensiert nicht irgend etwas, sondern fördert bestimmtes Verhalten.

Zunächst ist damit das in der Psychologie bekannte Reward System gemeint, dessen neuronaler Träger das mesocorticolimbische System (MCL System) im Zentralnervensystem (ZNS) ist. Es wird als Instanz für die Belohnung und als System angesehen, in dem die psychoaktiven chemischen Substanzen ihre Wirkung entfalten. Bei bestimmten Handlungen, Attitüden oder Vorstellungen, aber auch bei Bewußtseinsinhalten bestimmter Art werden positive Gestimmtheiten und Grundgefühle durch das Ausschütten von Botenstoffen wie Dopamin vermittelt. Das Belohnungssystem arbeitet wie eine funktionelle Assoziation beziehungsweise das Reiz-Reaktions-Schema beim Pawlowschen Hund und fördert das Lernen eines Verhaltens durch Belohnung. Mittlerweile glaubt man auch, die Hirnregionen, in denen dies geschieht, lokalisieren zu können.[14]

Tests haben ergeben, daß in einer Situation, die man als Belohnung für eine Versuchsperson ansehen kann, in der also die

Erfüllung eines Affekts stattfindet (Sehen der geliebten Person, Erhalt eines begehrten Stoffes, z. B. einer Droge, etc.), Dopamin freigesetzt wird.[15]

Der Mensch entwickelt offenkundig aufgrund des Lerneffekts anhand der erwünschten und angenehm empfundenen Dopaminausschüttung Strategien, um den auslösenden Reiz, der als Belohnung empfunden wird, wieder zu erhalten. Nun wirken Suchtstoffe wie Kokain oder Heroin ebenfalls als Auslöser für Dopaminausschüttungen. Dabei scheint sich die Sucht nicht nur auf den Stoff selbst, sondern auch auf die Verhaltensstrategien, um an den Stoff zu gelangen, zu erstrecken.[16] Dies gilt auch für »nichtstoffliche« Süchte, für Spielsucht, Sexsucht, krankhaften Ehrgeiz, Arbeitssucht, Gefallsucht, Beziehungssucht, Geltungsdrang, Ruhmsucht, Fernsehsucht etc. All diese Pathologien kann man in gewisser Weise auch mit den Affekten Spinozas im Sinne einer Begierde, die durch nichts mehr eingeschränkt wird, assoziieren.

Selbstwert, Selbstachtung, Selbstverleugnung

In vielen Entwicklungsgeschichten findet sich dieser Topos: Eine lange und entbehrungsreiche Ausbildung und Initiation hat den Protagonisten zum Besten seiner Zunft gemacht, er durchschaut das System, und als Held muß er sich entscheiden: Bleibt er, macht er mit, spielt er das Spiel, das ihm vorgegeben wird, dann kann er die Macht, den Ruhm, die verheißene Einzigartigkeit erhalten, aber er muß einen Preis dafür bezahlen – er muß, wie man so schön sagt, über Leichen gehen, skrupellos seine Position oder die derjenigen, die ihn an der Macht halten, verteidigen und durchsetzen. Die Märchen sind voll von diesen Dilemmata.

Heute nennen wir diesen Preis anders: Karriere, Macht, Reichtum und Ruhm kosten die eigene Integrität, das eigene Selbst, die Identität mit seiner eigenen Biographie, die Ideale der Jugendzeit, die Unbeschadetheit des Gewissens. Die Psychologie kennt den Identitätsbruch, die Persönlichkeitsveränderung, wenn einer, wie man es im Märchen sagt, seine Seele verkauft und mit den Wölfen zu heulen beginnt. Damit geht die Selbstverleugnung Hand in Hand: Der Spiegel, in dem man sich noch morgens anschauen kann, wird immer trüber. In der Antike gab es die Erinnyen, die Rachegöttinnen, die den Sterblichen, der sich selbst untreu geworden war, so lange verfolgten, bis er nach langem Wahnsinn endlich das Reich der Schatten erreichte, wo er jedoch nicht erlöst wurde, sondern wahnsinnig blieb.

Ohne Versuchung keine Standhaftigkeit, ohne Wahl keine wirkliche Entscheidung, die ethisch qualifiziert wäre. Erst in solchen Auseinandersetzungen mit sich selbst scheinen sich Selbstwert, Selbstachtung, Selbstverleugnung zu entwickeln. Ein überwältigender Teil der biographischen Stoffe wie auch der Erzählungen der Weltliteratur berichtet uns, daß diese Selbstaffekte Geldangebote um Längen schlagen.

4 Belohnungen

Über Pflicht und Schuldigkeit hinaus

Belohnungen sind etwas anderes als Lohn, sie gehen über die Pflicht und Schuldigkeit der Entlohnung hinaus. »Wer belohnt wen womit und wofür?« ist die Frage. Man sieht schnell, daß der Begriff vierstellig ist. Nicht nur Personen als Individuen oder Gruppen von Personen, sondern auch Institutionen (Kollektive wie Arbeitsgruppen, Firmen, Organisationen etc.) können Empfänger von Belohnungen sein. Bei der Selbstbelohnung ist es das Ich, das durch das Ich belohnt wird, Belohnungssubjekt und Belohnungsinstanz fallen dann zusammen und werden durch diese Beziehung doch wieder unterscheidbar. Man kann sich auch vorstellen, daß eine Institution oder ein Kollektiv sich selbst belohnt, indem es nicht nur seine Mitglieder auszeichnet, sondern sich selbst feiert.

Gleichwohl bleibt die belohnende Instanz eine der interessantesten Konstituenten für Gesellschaft und für Machtverhältnisse: Die belohnende Instanz muß innerhalb des relevanten sozialen Horizonts[1] eine gewisse Autorität besitzen und damit eine schon bestehende Anerkennung genießen. Sie kann jedoch über Personen und Institutionen im Sinne der religiös gedachten Belohnungsvorstellungen hinausgehen und auch transzendente Entitäten als Instanzen begreifen: Gott belohnt und bestraft, das Schicksal beschenkt, die Natur belohnt ökologisches Verhalten und rächt sich für den Raubbau an ihr.[2]

Das Ich hingegen belohnt sich mit der positiven Erfüllung von Affekten, wie sie Spinoza benennt. Womit belohnt wird – *the matter of reward* – wird bei Jeremy Bentham ausführlich diskutiert, und diese Diskussion bezieht sich auf die äußeren Belohnungen für Personen oder Gruppen. Das können Dienste, Privilegien, Ehre, Geld, aber auch der Erlaß von Steuern, Strafen, Verpflichtungen oder anderen Übeln sein.

Was wird eigentlich belohnt? Ist es die gute Tat, die Leistung, das Produkt, der geleistete Dienst, die Haltung, das Werk, das Lebenswerk, das Leben selbst? Was ist daran belohnenswert? Auch hier ist die Frage nur sinnvoll einzugrenzen, wenn man den relevanten sozialen Horizont betrachtet, vor dem sich das abspielt. Diese Horizonte werden durch die gesellschaftlichen Subsysteme bestimmt, wie Wirtschaft, Politik, Religion oder Wissenschaft, um nur einige zu nennen.

Christian Wolff benutzte, wie gesagt, Belohnung im Sinne von Lohn im Verhältnis zur Strafe in symmetrischer Weise,[3] ging aber darüber hinaus, da bei ihm Belohnung von jemandem gewährt wird, der nicht dazu verpflichtet ist.[4] Hier schwingt die Vorstellung mit, daß Belohnung einen gewissen Gnadencharakter hat. Das zu Belohnende auch erbracht zu haben ist eine notwendige, aber keine hinreichende Bedingung für den tatsächlichen Akt der Belohnung.

Anderseits soll das zu Belohnende so eng wie möglich mit der Belohnung gekoppelt werden in der Forderung, Leistung müsse sich (wieder) lohnen.

Benthams »*Rational of Rewards*«

Jeremy Bentham (1748-1832) gilt als Mitbegründer einer philosophischen Richtung in der Ethik, die man später Utilitarismus genannt hat und die in der gegenwärtigen Diskussion über die Ethik und ihre Begründungsmöglichkeiten heftig umstritten ist. In seinem Werk über Belohnung[5] beginnt er von diesem Standpunkt aus, auch das Problem von Belohnung und Strafe aufzurollen:

> Das größte Glück der größten Zahl sollte Gegenstand für jeden Gesetzgeber sein: Um sein Ziel in dieser Sache zu erreichen, stehen ihm zwei Instrumente zur Verfügung: Bestrafung und Belohnung.[6] ... Eine Belohnung sei, im allgemeinsten und weiten Sinne, der je dem Wort gegeben wurde, definiert als ein Anteil an dem, was ein Gut ausmacht, der in Erwägung eines durchgeführten oder erwarteten Dienstes jemandem gewährt wird mit der Absicht, daß er damit einen Vorteil haben möge.[7]

Da Bentham in gewisser Weise eine skalierte Reihenfolge von Delinquenz – Bestrafung – Entlohnung – Belohnung im Auge hat,[8] kann man sich die Vermeidung von Bestrafung ebenfalls als eine Form von Belohnung vorstellen.

Bentham teilt Dienste, für welche es denn Belohnungen geben soll, in gewöhnliche und außergewöhnliche ein. Zu den ersten gehört es, seine Ämter tugendhaft zu versehen, aber auch die gelegentlichen Dienste gehören dazu, die geleistet werden, auch ohne Mitglied einer Administration zu sein; z. B. einmalige Hilfeleistungen bei Unfällen oder Katastrophen. Zu den außergewöhnlichen Diensten gehören für Bentham Erfindungen, die das Regierungshandeln effektiver machen, den Feind schwächen, sowie industriell nützliche Erfindungen und Entdeckungen in den Wissenschaften.[9]

The matter of reward wird nach Bentham definiert als all das, woraus die Belohnung einer konkreten Situation bestehen kann. In einer anderen Situation oder unter einem anderen Blickwinkel kann dies auch eine Strafe sein:[10]

> Belohnung verhält sich zum Guten wie die Bestrafung zum

Übel … so wie die Abwesenheit des Guten vergleichsweise ein Übel ist, so ist die Abwesenheit des Übels vergleichsweise ein Gutes: Deshalb ist der Begriff des Übels und aller Arten des Übels im Begriff der Belohnung enthalten.[11]

Gelegentliche Belohnungen müssen zeitlich und material begrenzt sein; es muß auch möglich sein, daß eine Belohnung zurückgenommen wird.[12]

Belohnungen, die ständig gewährt werden, teilt Bentham in die Gruppen des Wohlstandes, der Ehre, der Macht und der Rücknahme von Strafen wie Erleichterung von bürgerlichen Bürden ein. Zur ersten Gruppe meint er:

Die Angelegenheit des Wohlstands – Geld oder Geldwertes, das ist bei weitem der gewöhnlichste Stoff, aus dem die Belohnungen sind, und im allgemeinen auch der am besten passende Stoff, aus dem sie gemacht werden können …[13]

Wesentlich mehr Überlegungen räumt er der Erörterung von Ehre und Macht ein. Zu dem Stoff, aus dem die Ehre gemacht ist, können ein nicht erblicher (oder Amts-)Titel gehören, ein erblicher Titel, der in die Adelsklasse erhebt, Auszeichnungen, Medaillen, öffentlicher Dank im Namen des Parlaments oder des Königs. Macht ist nach Bentham ursprünglich zu anderen Zwecken als denen der Belohnung da, und Verdienste sind noch kein ausschließliches Kriterium für die Verteilung von Macht.[14] Bentham sieht hier klar ein Problem, mit dem wir es heute massiv zu tun haben: Verdiente Parteimitglieder werden auch dann noch mit Ämtern belohnt, wenn ihre Verdienste noch lange keine Voraussatzung dafür sind, diese Ämter auch kompetent ausfüllen zu können.[15]

Der Gesetzgeber hat nach Bentham zwei Arten von Übel zur Verfügung: Er kann Verbrechen und Vergehen bestrafen, und er erlegt seinen Staatsbürgern mühevolle Pflichten auf, wie

Steuern, Abgaben, Dienstpflichten etc. Eine Belohnung kann demnach aus der Befreiung solcher Pflichten oder dem Erlassen einer fälligen Strafe bestehen.[16] Daher ist die Belohnung um so größer, je strenger das Gesetz ist, auf das sich die erlassene Bestrafung bezieht.[17] Strafe wie Belohnung sollen den Bürger zum größtmöglichen Maß an gesellschaftlicher Konformität führen. Belohnung soll darüber hinaus zum Guten anregen und es hervorrufen. Strafe ist wie das Zaumzeug, die Belohnung wie die Sporen.[18] Strafe reguliert, Belohnung dirigiert (richtet aus), Strafe jätet Unkraut, Belohnung ist ein Gewächshaus für Pflanzen, die sonst nicht wachsen.[19] Strafe muß, Belohnung kann sein, ohne Strafe löst sich eine Gesellschaft auf, ohne Belohnung wird sie lediglich weniger angenehm.[20]

Es gibt jedoch auch Belohnungen, die Schaden anrichten können. Sie sind für uns interessant, weil uns Bentham als früher Späher die falschen Fährten zeigen kann, die auf diesem Gebiet gelegt worden sind und wohl immer noch gelegt werden. Bentham zählt Fälle auf, die zwar eine korrupte Tendenz aufweisen, aber noch kein Verbrechen darstellen.[21] Sie werden durch Gewohnheiten gerechtfertigt, durch Gesetz sanktioniert, und sie werden gegeben und empfangen ohne jede Verschleierung und ohne kriminelle Absicht – das Übel wird mit reinem Gewissen und unter öffentlicher Billigung getan.[22] Bentham nennt eine Regel, die in diesem Bereich häufig verletzt werde: »Man vermeide unter allen Umständen, in Form einer Belohnung etwas zu gewähren, was tendenziell mit der Ausführung einer Pflicht kollidieren könnte.«[23] So sollte der Richter kein Interesse daran finden, die Gerichtssitzung zu verlängern, der Staatsminister nicht versuchen, den Krieg zu begünstigen, der Finanzbeamte nicht darauf aus sein, die Kosten hochzutreiben, der moralisch Vorbildliche sollte kein Beispiel der Unaufrichtigkeit liefern, und der Mann des Wortes sollte keine irrführende Vorurteile auf Kosten der Wahrheit behaupten.

Bentham hält den Mensch im allgemeinen nicht sonderlich anfällig für Korruption; normale Klugheit und Redlichkeit genügen, den Versuchungen des Verbrechens und unehrenhaften Verhaltens zu widerstehen. Aber man braucht nach Bentham mehr als gewöhnliche Ehrbarkeit und Besonnenheit, den Verführungen eines mit ständiger Energie wirkenden Interesses zu widerstehen, zumal wenn dem weder die Furcht vor gesetzlicher Bestrafung noch vor der Verurteilung durch die öffentliche Meinung entgegensteht.[24]

Bentham benutzt hier eine Art *slippery-slope*-Argument: Der Amtsträger muß nur den ausgetretenen Pfaden folgen, in denen er durch die Anwesenheit einer Vielzahl von Mitläufern unterstützt und durch das Beispiel seiner Vorgesetzten ermuntert wird. Um dem zu widerstehen, muß er sich als Einzelgänger gerieren, erklären, daß er besser sei als andere, er muß seine Kollegen und Vorgänger verurteilen und den Mut haben, seine Redlichkeit zur Schau zu stellen. Zwar gibt es nach Bentham Beispiele für eine solche Seelengröße, aber man dürfe in der Regel nicht auf solche Wunderkinder zählen.[25]

Diese von Bentham so präzise beschriebene, schleichende Korruption, wie wir es heute nennen würden, funktioniert wie ein versteckter Magnet, gegen den es keine Vorwarnung gibt. Schon deshalb sollte sich nach Bentham der Gesetzgeber bemühen, das Interesse mit der Pflicht zu kombinieren.[26]

Bentham nennt viele Beispiele, die uns heute noch bekannt vorkommen: die Zulagen für Richter, die mit den Einzelschritten des Gerichtsverfahrens und damit mit der Länge eines Prozesses steigen,[27] oder das Salär des Architekten, das proportional zu den Kosten des Hausbaus angelegt ist.[28] Denn wenn Besitz,

Einkommen oder Privilegien von zuvor durchgeführten Handlungen abhängen, dann stellen diese Privilegien nach Bentham ein Anreizsystem dar, diese Handlungen auch durchzuführen, d.h., man könnte sie im Endeffekt auch gleich direkt belohnen.[29] Auch kann zu hoher Lohn in einem Amt kontraproduktiv sein – es gibt keinen Anreiz mehr, seine Pflichten zu erfüllen.[30] Es gibt neben der schädlich wirkenden Belohnung auch nutzlose Belohnungen. Erfindungen müssen nicht eigens vom Staat belohnt werden, sie zahlen sich für den Erfinder proportional zur Nützlichkeit des dann am Markt gehandelten Produkts aus. Dafür habe das Patentrecht zu sorgen.[31] Auch hält Bentham Preise für Dichtungen fragwürdig, es sei denn, sie spornten den jugendlichen Wetteifer an – setze sich doch ein begabter Dichter auch ohne Belohnung oder Preise bei seinem Publikum durch.[32]

Unterschwellig hat Bentham in der Zwischenzeit den Unterschied zwischen natürlicher und künstlicher Belohnung eingeführt:[33] Erstere besteht im Nutzen und Vorteil, der sich aus einer Handlung im Lauf der sozialen Interaktion und des wirtschaftlichen Geschehens ergibt, die zweite Art der Belohnung wird von Institutionen oder Menschen vorgenommen, »gemacht« (*factitious*), die wir hier institutionelle Belohnung nennen wollen. Die Angemessenheit einer Belohnung richtet sich nach Regeln: Zum einen soll der Gesamtwert der natürlichen wie institutionellen Belohnung dazu ausreichen, die Mühen des belohnten Dienstes mehr als auszugleichen. Dabei kann die institutionelle Belohnung um so mehr vermindert werden, je höher die natürliche Belohnung ausfällt.[34] Belohnungen sollten so eingestellt werden, daß sie die Menschen dazu motivieren, den belohnten Dienst auch (weiterhin) zu leisten.[35] Wenn jedoch zwei Dienste in Konflikt stehen, weil man sie nicht beide durchführen kann, sollte die Belohnung für den bessern Dienst so hoch sein, so daß man sich für den besseren entscheidet.[36]

Häufig ist dies nicht der Fall – Anwälte werden in Benthams England besser bezahlt als Richter.[37] Um dies zu ändern, müßte man aber die Gesetze einfacher machen.[38] Ähnliches sieht Bentham für die schlechtbezahlten Professoren und den zu gut bezahlten Angehörigen des Klerus.[39] Die besseren Gehälter ziehen die Leistungsfähigen an, auf der Strecke bleiben die dem Gemeinwohl nützlichen Aufgaben, die dann von den Mittelmäßigen erledigt werden müssen.

Die Tugendjustiz

Die Benthamsche Idee des Vergleichs von Straftat und guter Tat soll hier noch ein wenig verlängert werden; sie führt zu einem der fröhlichen Verrisse, die Karl Marx und Friedrich Engels in ihrer Pariser Zeit geschrieben haben. Ausgangspunkt ist der Roman »Mystères de Paris« (Die Geheimnisse von Paris) von Eugène Sue, der sich auch außerhalb Frankreichs einer großen Leserschaft erfreute.[40] Entsprechend haben Karl Marx und Friedrich Engels das Thema aufgegriffen, da dort eine Belohnungsjustiz skizziert wird:

> Als *neue* Enthüllung könnte es erscheinen, daß Eugen Sue von der Justiz – von einem Pendant zur Kriminaljustiz die Belohnungen ausgehen läßt und, unzufrieden mit *einer* Gerichtsbarkeit, *zwei* erfindet. Leider ist auch dies enthüllte Geheimnis die Wiederholung einer alten, von *Bentham* in seinem oben angeführten Buche weitläufig entwickelten Lehre. Dagegen soll Herrn Eugen Sue die Ehre nicht streitig gemacht werden, auf eine ungleich kritischere Weise wie *Bentham* sei-

nen Vorschlag motiviert und entwickelt zu haben. … Herr Sue entwickelt wie folgt:
»Um die Bösen zu schrecken, materialisiert man die vorweggenommenen Wirkungen des himmlischen Zorns. Warum sollte man nicht die Wirkung der göttlichen … Belohnung in bezug auf die Guten in ähnlicher Weise materialisieren und auf Erden antizipieren?«
… Herr Eugen Sue entwirft zu jedem Stück der bestehenden *Kriminaljustiz*, die er bestehen läßt, ein bis ins Detail kopierendes Gegenbild der *belohnenden Justiz*, die er hinzufügt. …[41]

Danach wird diese Justiz in der Gegenüberstellung zur Kriminaljustiz systematisch in Tabellenform aufgearbeitet. Die im folgenden wiedergegebene Tabelle 2 der »vollständigen Justiz« spricht für sich.

Tabelle der kritisch vollständigen Justiz

Bestehende Justiz	**Kritisch ergänzende Justiz**
Namen: Justice *Criminelle* [Kriminaljustiz]	Namen: Justice *Vertueuse* [Tugendjustiz]
Signalement: hält in der Hand ein *Schwert*, um die Bösen um einen Kopf zu verkürzen.	*Signalement:* hält in der Hand eine *Krone*, um die Guten um einen Kopf zu erhöhen.
Zweck: Bestrafung des Bösen, Gefangenschaft, Infamie, Lebensberaubung. Das Volk erfährt die schreckliche Züchtigung für den Bösen.	*Zweck:* Belohnung des Guten, Freitisch, Ehre, Lebenserhaltung. Das Volk erfährt den eklatanten Triumph für den Guten.

Bestehende Justiz	Kritisch ergänzende Justiz
Mittel, um die Bösen zu entdecken: Polizeiliche Spionage, Mouchards, um den Bösen aufzulauern.	*Mittel, um die Guten zu entdecken:* *Espionnage de vertu* [Tugendspionage], Mouchards [Polizeispitzel], um den Tugendhaften aufzulauern.
Entscheidung, ob einer ein Böser sei: Les assises du crime, Assisen für das Verbrechen. Das öffentliche Ministerium signalisiert die Verbrechen des Angeklagten und denunziert sie der öffentlichen Rache.	*Entscheidung, ob einer ein Guter sei:* Assises de la vertu, Assisen für die Tugend. Das öffentliche Ministerium signalisiert die edlen Handlungen des Angeklagten und denunziert sie der öffentlichen Erkenntlichkeit.
Zustand des Verbrechers nach dem Urteil: Er steht unter der *surveillance de la haute police* [Aufsicht der Hohen Polizei]. Er wird ernährt im Gefängnis. Der Staat macht Ausgaben für ihn.	*Zustand des Tugendhaften nach dem Urteil:* Er steht unter der *surveillance de la haute charité morale* [Aufsicht der Hohen moralischen Fürsorge]. Er wird ernährt in seinem Hause. Der Staat macht Ausgaben für ihn.
Exekution: Der Verbrecher steht auf dem *Schafott.*	*Exekution:* Gerade gegenüber dem Schafott des Verbrechers erhebt sich ein *Piedestal,* worauf der *grand homme de bien* [Biedermann] steigt – ein *Tugendpranger.*

Tabelle 2: Kritisch vollständige Justiz nach K. Marx und F. Engels[42]

Die gute Tat und ihr Aufbau[43]

Nimmt man den Gedanken in Tabelle 2 ernst, dann kann man sich fragen, wie ein Belohnungsrecht denn aussehen könnte.

Das Strafrecht versteht sich als eine Schutzfunktion, es soll Rechtsgüter schützen beziehungsweise mit Strafe bewehren. Darunter versteht man ideelle Sozialwerte wie Leben, Eigentum, Gewahrsam etc.[44] Beim Strafzweck der Vergeltung soll durch den Staat ein gerechtes Übel zur Wiederherstellung der Rechtsordnung zugefügt werden, unabhängig von der gesellschaftlichen Wirkung.[45] So soll die Gerechtigkeit durch eine Strafe, die die gleiche Dauer, Härte, Art[46] und Wert[47] wie das begangene Unrecht haben sollte, wiederhergestellt werden. Darin findet sich wieder der Kompensationsgedanke.[48] Die Straftat wird definiert als ein strafbares Verhalten, das rechtswidrig und schuldhaft ist. Sie wird als Rechtsgut- und Pflichtverletzung angesehen. Das Unrecht einer Straftat ergibt sich in der Regel aus der Erfüllung des Tatbestandes und die Schuld aus dem Fehlen von Rechtfertigkeitsgründen.

In einer gewissen Symmetrisierung zu den Begriffen des Strafrechts könnte man die »Belohnungstat« analog hierzu konzipieren. Sie besteht in einem verdienstvollen Tun, also einer Handlung, die durchgeführt sein muß und die die Rechtsgüter der Gemeinschaft unterstützt, erfüllt und fördert.[49] Die Belohnungswürdigkeit muß einmal in der Faktizität, d. h. der Erfüllung, begründet sein, darüber hinaus aber muß es Gründe geben, die über die Notwendigkeit des Tuns hinausreichen. Das bedeutet, daß Belohnung für Taten in Frage kommt, die zwar eine Pflicht erfüllen, aber über diese Pflichterfüllung hinausgehen und in dieser Form vom Handelnden nicht hätten eingefordert werden können. Wenn man in dieser versuchten Symmetrisierung Verdienst als »negative Schuld« ansieht, dann könnte man analog zur Schuldfähigkeit die Verdienstfähigkeit definieren, d. h. die zu belohnende Tat muß willentlich und bewußt durchgeführt werden und die Verdienstmerkmale erfüllen.[50] Dazu gehört natürlich auch die Möglichkeit der Einsicht.[51]

Auch bei einem wie immer konzipierten »Belohnungsrecht« würde es darum gehen, Güter zu schützen, zu fördern und zu stabilisieren. Ein Belohnungssystem müßte dann auf den Schutz, die Förderung und die Stabilisierung von Gütern ausgerichtet sein. Lokal läuft das in der Regel allerdings auf Ausrichtung nach den Interessen der jeweiligen Herrschaft hinaus, und bei privaten Gütern wäre hier die Grenze zu bloß lokalen Interessenerfüllung zu beachten. Öffentliches Lob und Zustimmung der Öffentlichkeit müßte verdienstvolles begangenes Tun (die »Heldentat«) unterstützen und eine billigende Antwort der Belohnungsgemeinschaft darstellen.

Zweck des Belohnungsaktes

In einer absoluten Belohnungszwecktheorie würde die Belohnung die Zuführung eines gerechten Vorteils (oder auch Negation eines Übels) durch die Belohnungsgemeinschaft zur Wiederherstellung oder Stützung der Ordnung in der Belohnungsgemeinschaft darstellen. Der Auszuzeichnende stabilisiert durch die Annahme der Belohnung (Preis etc.) das Belohnungssystem.[52]

Die positive Vergeltung, die durch die Belohnung als Akt der Belohnungsgemeinschaft zustande kommt, stellt einen Ausgleich für die geleistete Anstrengung dar, und sie sollte dann, analog zum Strafrecht, der Dauer, der Intensität, der Höhe, der Art und des Werts nach mit der vollbrachten Leistung etwa gleich sein. Dies wären – der Strafzwecktheorie analoge – Forderungen, wie sie auch von Bentham aufgestellt wurden. Die Belohnungsgemeinschaft schuldet dem Leistenden einen Ausgleich, da sie von ihm einen Vorteil erfahren hat. Eine Pflichtverletzung wird bestraft, eine übliche Pflichterfüllung, die nicht besonderer Leistung verbunden ist, wird normalerweise nicht belohnt, es sei denn, man sieht das Ausbleiben der Strafe als Belohnung an. Nur über die Pflichterfüllung hinaus wäre mit Belohnung zu rechnen.

Die Reihenfolge Strafe, Straferlaß, keine Strafe, Belohnung zeigt jedoch, daß Bestrafung und Belohnung eben nicht symmetrisch zueinander sind. In der relativen Belohnungszwecktheorie (analog zur Strafzwecktheorie) hätte man eine invers präventive Zwecksetzung: Die Belohnung und Auszeichnung für den einen ist ein Ansporn für die anderen. Die positive Generalprävention wäre also der Ansporn und die Steigerung des Vertrauens in das Belohnungssystem: Es lohnt sich. Die negative Generalprävention könnte man mit dem Sprichwort umschreiben: Ohne Fleiß kein Preis. Die positive Spezialprävention ist die Herausforderung des Helden, die Bestärkung seines Tuns, und die negative Spezialprävention wäre die Verachtung dessen, der es zur Belohnung nicht geschafft hat.

Die Belohnungstat ist also ein verdienstvolles Verhalten, das den Tatbestand eines Belohnungssystems verwirklicht, belohnenswert ist und über die Pflichterfüllung hinaus verdienstvoll ist.

5 Vom Ausgleich

Anaximander und die Schuld

Der Ausgleichsgedanke scheint bei Lohn, Strafe und Belohnung unterschwellig eine große Rolle zu spielen. So gibt es ein altes Muster, das sich, neben der fast selbstverständlichen Auseinandersetzung zwischen Gut und Böse und der entsprechend narrativ ausgekleideten Personalisierung, in allen Mythen findet – es ist die Grundvorstellung, daß alles, was man »bekommt«, sei es ein Vorteil, eine Gabe, eine Fähigkeit, was einem begegnet, wie glückliche Zufälle oder Ereignisse, einen »Preis« habe: Man muß dafür etwas hergeben. Dieser Gedanke findet sich bereits bei den Vorsokratikern; bei Anaximander, einem Schüler des Thales, heißt es:

> Woraus aber die Dinge ihre Entstehung haben, darein finde auch ihr Untergang statt, gemäß der Schuldigkeit. Denn sie leisten einander Sühne und Buße für ihre Ungerechtigkeit, gemäß der Verordnung der Zeit.[1]

Auch in der Folgezeit taucht der Gedanke, es gäbe so etwas wie eine Gesetzmäßigkeit, die alles wieder ausgleicht, immer wieder auf. Im Mittelalter sah man die Arbeit als ein solches Ausgleichsmittel an, mit dem man seine bloße Existenz »bezahlen« kann; was an Besonderheiten gewährt wird, muß durch Opfer oder Dienste am Gewährenden ausgeglichen werden. Letztlich baut auch die Faust-Sage auf diesem Gedanken auf: Wer einen Pakt mit dem Teufel schließt, um besonderes Wissen über das, was die Welt im Innersten zusammenhält, zu erlangen, muß am Ende den Preis dafür zahlen. Dann wird seine Seele zum Eigentum des großen Verführers.

Nicht das Zahlen oder Bezahlen ist primär, sondern der Austausch von etwas, was gleich bleibt – ein Substrat, ein Zugrundeliegendes. Jeremy Bentham spricht von *matter of reward* oder *matter of punishment*. Nun hat im Englischen der Ausdruck *matter* mehrere Bedeutungen, je nach kontextualer Verwendung, es ist eine Angelegenheit, eine Sache, eine Frage der Belohnung. Man kann sich darunter aber auch – und so verwendet es Bentham zuweilen – das vorstellen, was beim Akt der Belohnung vom Belohnten erhalten wird beziehungsweise dem Belohnten gegeben oder gewährt wird – der Stoff, aus dem die Belohnungen sind.

Aber der Tausch aufgrund von etwas Gleichbleibendem ist bei der Belohnung nicht primär. Als Beispiel diene ein Schaden, der durch das schuldhafte Verhalten einer oder mehrerer Personen eingetreten sei. Es gibt zwei Möglichkeiten: Man kann versuchen, den Schaden wiedergutzumachen, indem man ihn heilt oder ungeschehen macht, falls das möglich ist. Das beschädigte Auto wird repariert, der Knochenbruch geheilt, das ergaunerte Geld zurückgezahlt. Die Höhe der Wiedergutmachung oder Heilung des Schadens entspricht den Gestehungskosten der Reparatur, des Heilverfahrens, der Rückzahlung etc. Dies ist wohl der einfachste Fall. Ist der Schaden jedoch irreversibel, z. B. die Zerstörung einer ideell wertvollen Sache oder die dauerhafte Schädigung der physischen oder psychischen Gesundheit, dann tritt die Vorstellung der Kompensation auf den Plan: Das, was dem Schaden äquivalent ist, muß durch eine Leistung kompensiert werden, damit die Schuld getilgt, das Ungleichgewicht oder die Differenz aufgehoben werden kann.[2] Eine Versicherung ist deshalb kein Schutz vor möglichen Risiken, sondern die Garantie der finanziellen Mittel für Wiedergutmachung oder Kompensation.

Jetzt die Wendung ins Positive: Etwas Belohnenswertes sei geleistet worden. Jemand oder auch die Allgemeinheit habe über kurz oder lang einen hohen Nutzen hiervon. Die Leistung liege weit über dem, was nach der üblichen Entlohnung zu erwarten gewesen wäre. Man kann die Leistung reversibel machen, indem man sie totschweigt, vergessen macht oder verschwinden läßt (z. B. Publikationsverbot, Aufführungsverbot, Verwertungsverbot o. ä.), oder man kann sie belohnen – durch eine Leistung, die den positiven Überschuß wieder ausgleicht und die Anstrengungen, die Arbeit – wie auch immer – kompensiert. Wir wissen, daß dies selten wirklich gelingt. Daher liegt die Belohnung für eine Leistung primär wohl in einer Anerkennungs- und nicht in einer Kompensationsfunktion.

Der Ausgleichsgedanke hat seinen Ausgangspunkt in der Annahme eines Substrats, einem philosophischen Konstrukt, das auf Thales, Aristoteles und Platon zurückgeht und dessen man sich erst in den modernen Naturwissenschaften und der analytischen Philosophie entledigt hat. Allerdings findet sich ein Residuum dieses Substratdenkens noch in den Erhaltungssätzen der Chemie und Physik.[3]

Entscheidend ist hier die These, daß der Kompensationsgedanke weder zur Phänomenologie der Ent- noch der Belohnung paßt. Dieses Denken, daß da etwas in einer Art Tausch ausgeglichen werden müßte, führt zu falschen Justierungen unserer gesellschaftlichen Subsysteme: Man kann nicht etwas Substratartiges ausgleichen, was in der gesellschaftlichen Kommunikation nicht objektivierbar ist.

Das soll einmal für die Belohnungen anhand zweier Erfindungen durchgespielt werden, des Tonfilms und des MP3-Players.

Am Anfang des Tonfilms stand der Wunsch, den ohnehin nicht stummen Stummfilm – es gab ja Klavierbegleitungen und Gesang, z. T. auch Schallplattenmusik dazu – zum Sprechen zu bringen.[4]

Nach vielen Hindernissen, biographischen wie fachlichen, taten sich der Elektrotechniker Hans Vogt, der französischstämmige Ingenieur Joseph Massolle und der Physiker Joseph Engl zusammen. Am 1. Juli 1919 gründeten sie eine eigene Firma und richteten in Berlin ein Laboratorium ein. 1921 war ihr System so weit entwickelt, daß es durch die Aufzeichnung einer Lichttonspur auf dem Seitenrand des Films die ersten Töne synchron mit dem Bild wiedergeben konnte. Die drei Erfinder nannten ihre Erfindung das Triergon-Verfahren (übersetzt: das Werk der drei). Die ersten Demonstrationsfilme erstanden zwei Jahre später.

Trotz positiver Pressestimmen und erfolgreicher Vorführungen hatte die Filmindustrie – allen voran die Ufa in Berlin – aus Furcht vor den enormen Investitionen kein weiteres Interesse an der Rolle eines Investors, der die Invention in eine Innovation verwandelt hätte.[5] Massolle, Vogt und Engl waren, obwohl sie zahlreiche Patente angemeldet hatten, aus wirtschaftlichen Gründen gezwungen, im Juli 1923 ihre Rechte und bisherigen Prototypen zu veräußern und als Angestellte in ihrer verkauften Firma weiterzuarbeiten.[6] 1929 einigte man sich auf ein Kartell: Die Firma Fox lizenzierte ihre Rechte, die ein Jahr zuvor in Berlin gegründete Ton-Bild-Syndikat-AG TOBIS produzierte Filme und die von A.E.G. und Siemens gegründete KLANGFILM

GmbH stellte die Geräte her. 1930 produzierte die Ufa, die dafür teuer Lizenzgebühren bezahlen mußte, bereits 101 Tonfilme.[7]

Masolle arbeitete anschließend als Toningenieur und als Technischer Direktor bei TOBIS in Berlin, starb dort krank und verarmt 1953, Engl emigrierte und ging zur amerikanischen FOX und starb ebenfalls 1953. Vogt gründete bei Passau eine heute noch existierende Elektronik-Bauteilfirma, machte weitere Erfindungen und starb 1979 hochgeehrt als Unternehmerpersönlichkeit.[8]

Die Geschichte dieser Erfindung zeigt, daß der Erfinder nicht immer für die in die Erfindung hineingesteckte Arbeit entlohnt wird, sondern er profitiert, wenn überhaupt, von den Gewinnerwartungen der Investoren. Diese legen, je nach ihrer eigenen wirtschaftlichen Position und der des Erfinders, die Gewinnquote fest, und zwar in einer Zeit, in der der Rückfluß des investierten Geldes ja noch nicht realisiert ist. Engl, Masolle und Vogt arbeiteten trotz der wirtschaftlich prekären und wohl auch demütigenden Lage als ihre eigenen Angestellten in der Schweiz weiter – sie schienen von der Herausforderung der Systementwicklung nach wie vor begeistert zu sein. Vielleicht hatten sie sich doch noch den großen wirtschaftlichen Durchbruch erhofft, obwohl sie ja alle Rechte aufgegeben hatten. Vogt kam mit anderen Erfindungen als dem Tonfilm als erfolgreicher Unternehmer wieder auf die Füße, den beiden anderen blieb dieser Erfolg versagt. Es gibt also keine Kompensation für die jahrlange harte Arbeit, nur die Hoffnung und, wenn man die Erinnerungen von Hans Vogt liest, letztlich die Selbstanerkennung innerhalb der eigenen Entwicklergruppe. Erst als nichts mehr ging, schlug jeder seine eigenen Wege ein.

Anders gelagert ist das zweite Beispiel: 1995 gelang es den Ingenieuren Karlheinz Brandenburg, Bernhard Grill und Harald

Popp, digitale Audiosignale so zu komprimieren, daß sie nur noch ein Zwölftel des Speicherplatzes benötigen. Das Verfahren heißt MP3 und ist der Grundstein für den heute bekannten MP3-Player.[9] Die Vorgeschichte dieser Entwicklung ist wesentlich kürzer, sie basiert auf Vorarbeiten, die dann »zusammengeführt« wurden. Den institutionellen Hintergrund stellt die Fraunhofer-Gesellschaft für angewandte Wissenschaften mit ihren Instituten dar, die für ihre Mitarbeiter schon seit Anfang der achtziger Jahre geregelte Erfindermitvergütungen festgelegt hatte. Das Ganze spielte sich zum großen Teil am Fraunhofer-Institut für Integrierte Schaltungen (IIS) in Erlangen ab. Da die Abteilungen der Institute der Fraunhofer-Gesellschaft ihre Mitarbeiter meist direkt aus den benachbarten oder kooperierenden Hochschulen rekrutieren, ist die Entwicklungsgeschichte des MP3 Formats auch eine Geschichte der Mitarbeiterfluktuation.[10]

Die Fraunhofer-Gesellschaft wurde Inhaber von 18 Patenten in Kooperation mit dem Elektronik-Konzern Thompson und verlangt seit 1998 Lizenzgebühren für die Nutzung des MP3-Formats.[11] Alle Beteiligten wurden öffentlich geehrt. Neben dem Fraunhofer-Preis für Grill, Herr und Eberlein erhielten Brandenburg, Grill und Popp im Jahr 2000 den Deutschen Zukunftspreis, Gerhäuser 2001 das Bundesverdienstkreuz, und Brandenburg, Gerhäuser und Seitzer wurden 2007 stellvertretend in die *Hall of Fame* der Consumer Electronics Association aufgenommen. Brandenburg ist heute Chef des Fraunhofer-Instituts für Digitale Medientechnologien in Ilmenau, Seitzer ist seit 1999 emeritiert.

Die großen Gewinne kamen jedoch nicht wegen der Patente zustande, sondern wegen der kommerziellen Nutzung des MP3-Players. Dieser beruht auf dem entwickelten Format, wurde aber selbst nicht am IIS entwickelt. In der Forschungsdiskussion gilt der Fall als Lehrstück dafür, wie aus einer genialen Entwicklung zwar Ruhm, Ehre und wohl auch etwas Geld[12] zu gewinnen ist, der große Geldfluß aber durch die Entwicklung eines marktfähigen, massenhaften Produktes zustande kommt und diejenigen davon profitieren, die diese Entwicklung schnell genug vorantreiben.

Man kann sich im Vergleich der beiden Erfindungsgeschichten fragen, ob sich die »Belohnung« für die Erfinder »gelohnt« hat. Schicksale und Biographien sind immer schlecht vergleichbar, die jeweiligen Umstände und das Umfeld sind immer unterschiedlich. Daß Erfinder übervorteilt werden, ist ja nicht neu, denn Verpacken und Verkaufen bringt in der Regel mehr ein als Herstellen, und dies mehr als Erfinden.[13] Dennoch zeigen beide Geschichten einen signifikanten Unterschied: Freie Erfinder haben es sehr schwer, nicht jeder hat das Glück eines Bill Gates oder eines Thomas Alva Edison, die als Selfmademen aus ihren Erfindungen große Imperien aufbauen konnten. Hans Vogt konnte durch andere Erfindungen eine erfolgreiche Firma gründen und betreiben. Erfinder, die in Instituten oder Forschungsorganisationen arbeiten, haben den Vorteil synergetischer Effekte und der Teamarbeit, aber das Gros des Gewinns geht an den Arbeitgeber, der ihnen Arbeit, Geräte und Forschungsmöglichkeiten bietet. Erfindungen werden heute nur noch selten in der Garage gemacht, Entwicklungen brauchen einen langen Atem, weltweite Kooperation und bringen damit auch eine weitgestreute Verteilung der Beute mit sich. Allerdings tun sich Erfinder und Entwickler nach wie vor schwer, wenn sie gegen die Entwicklungspolitik ihres Hauses erfinden, forschen und entwickeln – dann steht es um ihre Belohnungen schlecht …

Der Gedanke an einen bloßen Ausgleich wird demnach schwierig bei Leistungen, wie sie Erfindungen darstellen – Bentham hatte ja institutionalisierte Belohnungen hierfür vorgeschlagen. Es geht den Erfindern eher um die finanzielle Absicherung, um Anerkennung und manchmal – so legen die einen oder anderen Erfinderbiographien nahe – auch um das Spiel, ob man mit einer Erfindung berühmt und reich werden kann. Aber die Instanz, die belohnt, die Anerkennung verschafft, die Ehrungen zukommen läßt, ist meist ebendiejenige, die auch an der Auswertung einer Erfindung beteiligt oder auch interessiert ist – und das macht die Sache zu einem riskanten Geschäft.

Erfinder wird man meist nicht nur aus Erwerbstrieb, sondern auch aus anderen Motiven. Natürlich findet es ein Erfinder traurig, wenn seine Entwicklung ihm wirtschaftlich entgleitet – wenn er halbwegs die Möglichkeit hat, erfindet und forscht er eben an einer anderen Stelle weiter. Es geht um den affektiven Charakter dieser Selbst-Belohnung: Der Forscher ruft »*heureka*«,[14] der Erfinder »es funktioniert«.

Nicht bestraft ist auch belohnt

Das Kompensationsdenken setzt den mengenartigen Charakter von Leistung voraus. Als Konsequenz will es positive Leistung und negative Leistung, letztere auch als Schuld angesehen, miteinander verrechnen. Das Denken in den Kategorien der Ökonomie macht aus Schuld rasch Schulden. Benthams oben erwähnte Idee, verdienstvollen Menschen eine gegebenenfalls anhängige Strafe zu erlassen,[15] geht ebenfalls in diese Richtung. Strafe wird mit Nicht-Bestrafung, Belohnung mit Schuld verrechnet. Die *exemption of burdens* ist ein verhängnisvoller Denkfehler bei Leuten, die als Unternehmer, Steuerzahler, Politiker etc. wie auch immer meinen, sich verdient gemacht zu haben, und deshalb auf Nachsicht bei Steuer oder bürgerlichen Verpflichtungen pochen – auch wenn das Gesetz dies nicht vorsieht. Der Prominentenbonus kann vor Gericht auch zum Prominentenmalus werden.

6 Kompensation

Häufig taucht der Kompensationsgedanke im Zusammenhang mit dem Begriff der Entschädigung auf – sie spielt bei der Entsorgung, bei der Rückgängigmachung, bei der Reparatur bis hin eben zur Kompensation eines verursachten Schadens eine Rolle.[1] Der irreversible Schaden kann nicht mehr rückgängig gemacht werden, aber er kann kompensiert werden durch versicherungsrechtlich festgelegte Entschädigungszahlung für Verluste. Wenn überhaupt etwas ausgeglichen werden soll, stellt sich die Frage, was zu was äquivalent sein kann. Wir sagen gern, daß sich der eine oder andere Verlust eben nicht mit Gut und Geld »aufwiegen« lasse. So kommen Wertungen ins Spiel. Bei Aristoteles sind die Bedürfnisse kommensurabel, d.h. mit Hilfe ein und desselben Maßstabs vergleichbar. Dies ist geläufig und verweist wieder auf das ganze Spektrum der Wertetheorien. Doch wenn man einmal nach der Wertung dessen fragt, was man sein will,[2] sieht es anders aus: Auf welchem Substrat soll sich der Wert der Selbstachtung, des eigenen Selbstverständnisses, seines eigenen Rollenbildes aufbauen? Selbstachtung und eine gewisse Grenzhöhe von Geld sind nicht kommensurabel. Daß es überhaupt – wenn auch individuell unterschiedliche – Grenzwerte gibt, jenseits derer man nicht bestechlich ist, zeigt dies. Es gibt also auch nichtkommensurable Bedürfnisse.

Rache

Der Ausgleichsgedanke soll von einer archaisch erscheinenden Seite her beleuchtet werden – vom Begriff der Rache. Hierbei geht es um Genugtuung für erlittenes Unrecht. Schon im Wort »genug« ist der Ausgleichsgedanke wieder präsent – unschuldiges Blut soll durch schuldiges Blut kompensiert werden. Das angetane Leid wird durch das vergeltende, d. h. hier gleich geltende Leid ausgeglichen, gebüßt, gesühnt.

Was ist nun das Substrat der Kompensation bei der Rache? Der Mörder zahlt die Verkürzung des Lebens des Gemordeten mit der Verkürzung des eigenen Lebens bei Blutrache oder Todesstrafe oder mit dem Verlust der Freiheit für die folgende Lebenszeit. Das Problem ist jedoch, daß dadurch dem Ermordeten keine weitere Lebenszeit geschenkt wird. So sind im Vergleich die beiden Lebensspannen sehr ungleich verteilt, die da »kompensiert« werden sollen (weshalb man übrigens ältere Menschen seltener hinzurichten pflegte!). Grundsätzlich aber gilt die Vorstellung, daß das Leid des einen durch das Leid des Verursachers kompensiert werden könne. Da die Schäden in der Regel irreversibel sind, kann es nicht nur um substratähnlichen Ausgleich von Lebenszeit gehen. Gerade bei der Blutrache hebt sich der Kompensationsgedanke selbst auf: Das Anfangsunrecht wird gerächt durch eine Tat, die selbst wieder als Unrecht erscheint, das wiederum gerächt werden muß. Dies setzt eine Spirale in Gang, aus er es ohne Verzicht auf Kompensation keinen Ausstieg gibt.

Buße

»Penitenia agite« – »Tut Buße« erscholl der Ruf landauf, landab bei den Ketzern des ausgehenden Mittelalters, bei den Fratiszellen, Fradolinern, Albigensern und anderen. Die Selbstkasteiung und Geißelungen als selbst zugefügtes Leid, selbst auferlegte Entbehrung verweisen auch hier wieder auf einen Ausgleich der aufgeladenen Schuld – wie in einer negativ gedachten Belohnung. Der Verantwortliche, der Sünder, der sich vergangen hat, der Schuld auf sich geladen hat, soll büßen, durch die Wiedergutmachung des Schadens und durch die Wegnahme der durch das schuldhafte Verhalten gewonnenen Freuden, des Lebensglücks oder des Vermögens. Schuld ist auch im Neuen Testament ein zentrales Thema – man kommt nicht davon, bis man den letzten Cent bezahlt hat.[3]

Im übrigen vergißt man leicht bei der Kritik des Ablaßhandels, daß die Vergebung der Schuld nicht identisch mit dem Erlassen der angedrohten Sündenstrafen war. Die Vergebung erlangte man im Bußsakrament, sie verlangte die Reue, den Erlaß der Sündenstrafen hingegen konnte man sich »erkaufen« – auch ohne den Affekt der Reue.[4] Dies ist in gewisser Weise die theologische Pervertierung der Kompensationsvorstellung.

Die Vergebung der Schuld ist nach christlicher Vorstellung ein Akt der Gnade, der selbst, unverursacht durch äußere Umstände, nicht erzwungen werden kann, der aber Reue voraussetzt. Gnade ist immer unverdiente Gnade.

Genugtuung

Opfer und ihre Angehörigen haben Anrecht auf Entschädigung, auf die Entschuldigung und die Reue des Täters und auf Akte, die zwar den Schaden nicht unbedingt rückgängig zu machen in der Lage sind, aber eine gewisse Genugtuung geben. War es früher die öffentliche Hinrichtung des Mörders, wird doch vielfach heute schon die Tatsache, *daß* ein Gerichtsverfahren überhaupt stattfindet, als Genugtuung empfunden. Den Ausgleichs- oder Kompensationsgedanken hier aufzuspüren ist nicht ganz einfach: Man könnte, eingedenk der Affektenlehre Spinozas, sagen, daß ein gewisser Affekt in positiver Hinsicht »erlitten« werden muß, damit sich das Gefühl des Ausgleichs einstellt. Das, was einem solchen Gefühl zugrunde liegt, ist individuell höchst verschieden und daher kaum vergleichbar.

Aus dem Affekt der Entrüstung (20) heraus wird das Verzeihen als Verzicht auf Verachtung (5) um so leichter fallen,[5] je mehr derjenige, der ein Übel oder Schaden angerichtet hat, rechtfertigende oder schuldmindernde Gründe angeben kann. Die Reue mindert die Schuld nicht, erleichtert aber das Verzeihen. Die Genugtuung wird bei Hegel zu einem

> *Ersatz*, insofern ein solcher überhaupt stattfinden kann. In dieser Seite der Genugtuung muß schon an die Stelle der qualitativen spezifischen Beschaffenheit des Schadens, insofern die Beschädigung eine Zerstörung und überhaupt unwiederherstellbar ist, die *allgemeine* Beschaffenheit derselben, als *Wert*, treten.[6]

Auch hier taucht der Kompensationsgedanke wieder auf, verfeinert sich aber in die Wertevorstellung, damit etwas Inkommensurables kommensurabel gemacht werden kann. Daß das Geld oftmals eben nicht Genugtuung schaffen kann, erweist sich an dem fahlen Geschmack der Bedeutung des Wortes »Abfindung«: Im Zeitalter der Boni ist sie nur für wenige ein gutes Polster bis zum nächsten gutbezahlten Job, in der Regel bleibt dem gekündigten Arbeitnehmer lediglich übrig, sich mit dem Gezahlten abzufinden.

Ähnlich ist es auf der Belohnungsseite. Daß die Lichttonerfinder Vogt, Ebl und Mallow erleben, wie ihre Erfindungen, nachdem sie von der Ufa und der deutschen Filmindustrie verworfen wurden, dennoch von der amerikanischen Firma Fox zurückverkauft wurden und mit 100 Tonfilmen im Jahr 1930 auch in Deutschland ein Durchbruch erzielt wurde, mag für die Erfinder eine Genugtuung gewesen sein. Da sie finanziell vom Erfolg ihrer Idee nur wenig bis nichts hatten, liegt die Genugtuung hier in der Erfüllung von Affekten wie Selbstzufriedenheit und Ehre, auch wenn der Ehrgeiz vielleicht nicht befriedigt sein mochte.[7]

Bezahlung

Ich will noch auf einen Aspekt eingehen, der sich bei der finanziellen Belohnung zeigt, nicht aber bei solchen, die zum Beispiel durch die Befriedigung von Affekten zustande kommen: die Additivität. Die monetäre Belohnung ist eine extensionale, d. h. vom Inhalt unabhängige Größe, sie ist mengenartig, addierfähig, kumulationsfähig und untereinander verrechnungsfähig. Güter, Geld, Gehalt, Prämien, bezahlbare Waren, Zeiten oder Kosten kann man quantitativ benennen.

Die Metapher der Bezahlung bezieht sich zuweilen auch auf nichtmonetäre Anreize, die ebenfalls in den *Belohnungssystemen* der Firmen vorkommen. Diese sollen neben der Stabilisierung der *Corporate Identity*[8] und der Motivation durch Prämien, Events, Ehrungen, Reisen, Wellness-Aufenthalte etc. eben auch die Funktion der Belohnung im Sinne der Kompensation einer herausragenden, über die Pflicht und Schuldigkeit hinausgehenden Leistung erfüllen.

Eine andere Funktion haben in diesem Zusammenhang die sogenannten Boni,[9] die es schon so lange gibt, wie durch Geld ent- und belohnt wird. Im Zusammenhang mit der Entlohnung stellt ein Bonus (lat. Plural: Boni) einen Zuschlag dar, der im Idealfall leistungs- oder bilanzabhängig ist.

Als variable Bestandteile von Managervergütungen sind sie im Laufe der Finanzkrise 2008 ins Gerede gekommen und haben eine moralisierende Debatte über Gerechtigkeit ausgelöst. Nun ist ja schon im zweiten Kapitel festgestellt worden, daß die Gleichsetzung von Lohn und Arbeitsintensität × Arbeitszeit nur für die unteren Gehaltsgruppen gilt, nicht aber für die Apanage, die für die Zugehörigkeit zur Managerkaste gezahlt wird. Dort hatte ich auch schon die bei führenden Managern üblich gewordene durchschnittliche Zusammensetzung des Lohns aus einer Gesamtbarvergütung von 82 Prozent und sogenannten *long-term incentives* mit 18 Prozent angesprochen. Die Bonuszahlungen gehören zu dem Anteil der variablen Vergütungen, und sie waren ursprünglich als leistungsabhängig gedacht. Nun sind sie in Verruf geraten, denn eine Kopplung an tatsächlich erbrachte Leistungen ist gerade in der Finanzwirtschaft in den bekanntgewordenen Fällen[10] nicht zu erkennen. Allerdings war die Bonushöhe schon immer schwer vermittelbar, nur wurde sie vor der Finanzkrise selten thematisiert.[11]

Sieht man sich die ursprüngliche Form von leistungsabhängigen Anteilen an der Entlohnung an, so ist ihr Werkvertragscharakter primär – sie honoriert den Erfolg, nicht die Anstrengung. Da nichts erfolgreicher ist als der Erfolg, wird er selbstverständlich und damit die Bonuszahlung ebenso. Das verselbständigt sich und bleibt dann auch so, wenn sich der Erfolg plötzlich nicht mehr einstellen sollte. Die Boni transformieren sich von einer Belohnung in eine Form von Entlohnung, deren Grundlage unklar bleibt. Die Bezahlung bei bestehenden Verträgen ist rechtlich nicht zu beanstanden, die Verträge selbst könnten es sehr wohl sein – daß hier Moral und Recht auseinanderklaffen, zeigt die Vehemenz der Debatte.

Erfolge, gerade in der Finanzwirtschaft, sind oftmals – abgekoppelt von der Realwirtschaft – deshalb möglich, weil sie in Gewinnerwartungen bestehen. Durch diese Abkopplung wird bereits das Erzeugen einer Gewinnerwartung als Erfolg angesehen – das Auf und Ab des Aktienmarkts ist eine direkte Funktion, die denjenigen belohnt, der dieses Auf und Ab zu erzeugen vermag, und denjenigen bestraft, der Gewinnerwartungen nicht nur de facto enttäuscht, sondern schon etwas mindert. Das lokal rationale Verhalten der Beteiligten – man könnte auch sagen Mitspieler – führt bei diesen Spielregeln regelmäßig zu den Blasen, die in der Aufpumpphase all diejenigen mit dem Bonussystem belohnen, die am Aufblasen kräftig mitwirken. Der Fondsmanager, der nichts riskiert, verliert dann schnell seinen Job.[12] Vermag er es, seine riskante Strategie gut zu verkaufen, kann er sich mit 40 Jahren zur Ruhe setzen, auch wenn die Blase nachher platzen sollte, da er ja nicht oder kaum haftbar gemacht werden kann. Das Ganze wirkt wie ein Filter, der Belohnungen akkumuliert, aber Haftung und daraus resultierende Kompensationsansprüche eliminiert. Diese Einbahnstraße führt dazu, daß jemand, der einmal im System drin ist, innerhalb des Systems weich fällt, und wenn er gar herausfallen sollte, in der Regel noch komfortabel überleben kann. Daß dieses System eine ganz bestimmte Mentalität belohnt oder gar formt und daher auch gewisse Charaktere anzieht, ist offensichtlich.

Konkurrenz

Daß Konkurrenz das Geschäft belebe, den Ehrgeiz anstachle und gesund für die Entwicklung des Gesamtsystems sei, wird meistens von denjenigen behauptet, die in der Lage sind, die Spielregeln des Systems so einzurichten, daß sie selbst zu den

Gewinnern gehören, unabhängig davon, ob sie die Besseren oder Stärkeren sein mögen. Konkurrenz als Optimierungsprinzip belohnt nicht jeden nach seiner Leistung. Es wird gern verschwiegen, daß es den Verlierer gibt – *vae victis.* Konkurrenz ist nicht gleich Konkurrenz, es hängt von der Struktur ab und wie man sie gestalten kann. Ob ich mit meinem Konkurrenten kooperiere oder nicht, ist eine Entscheidung im klassischen Sinne, falls ich überhaupt eine Alternative habe.

Will man die Bestimmung des Nutzens von gegebenen Alternativen unter obwaltenden Umständen nachvollziehen, so muß man die Werte, Kriterien und Indikatoren kennen, die in Anschlag gebracht worden sind. Nun wäre es sicher auch hier naiv zu glauben, daß diese Werte lediglich monetärer Art oder von technischer Machbarkeit abhängig wären. Neben den monetär quantifizierbaren Indikatoren wie Einkommen, Beteiligung, Lizenzen etc. kennt man die schlecht quantifizierbaren, aber um so effektiveren Kriterien wie die Anerkennung durch andere, den Ruhm, die Ehre, die Reputation, aber auch die Macht im Sinn von Definitionsmacht und Gestaltungsmacht. Nicht zuletzt spielen auch Selbstverständnis, Selbstachtung und der Wunsch nach Sanktionsfreiheit (d. h. Nichthaftbarkeit für eigene Fehler) sowie die Neigung zum Altruismus eine oft unterschätzte, aber wirkmächtige Rolle.[13] Diese Kriterien sind nicht untereinander verrechenbar. Deshalb geht das Ganze auch über den reinen Kompensationsgedanken hinaus.

Daß der Nutzen unmittelbar optimal sein soll, ist eine Hypothese, die aus Interessen und aus Annahmen über das rationale menschliche Handeln resultiert. Dies aber ist die Fiktion des *homo oeconomicus*, die ebensogut bestritten werden kann. Spieltheoretisch ist gezeigt worden, daß es in der Realität durchaus Handlungsstrategien gibt, die auf solche Nutzenoptimierung verzichten, z. B. altruistisches Verhalten.[14] Außerdem ist es schwierig, in komplexen Belohnungssystemen anhand nicht miteinander verrechenbarer Kriterien, wenn diese sich auch noch zeitlich ändern, gut definierte Nutzen- und Kostenfunktionen zu formulieren. Überdies stellt das Bayessche Theorem wissenschaftstheoretisch gesprochen keinen Satz der Mathematik, sondern die Definition einer Zielgröße dar.[15] Die Mathematik und damit auch die Entscheidungslogik kommen erst ins Spiel, wenn sich Probleme als zusammengesetzt aus elementaren Problemen darstellen lassen oder wenn es sich um Entscheidungen in antagonistischen Situationen handelt – also um Konkurrenz.

Spieltheorie

Die Strukturwissenschaft, die sich damit befaßt, ist die Spieltheorie.[16] Die einfachste antagonistische Situation ist aus dieser Sicht der Konflikt (von der Debatte bis zum Krieg), in der – spieltheoretisch gesprochen – die Vertreter des jeweiligen Lagers gewisse Handlungsmöglichkeiten haben sollen. Im Unterschied zur Entscheidungstheorie, die ihre Wurzeln in der philosophischen Handlungstheorie und der Ökonomie hat, in der die Wahrscheinlichkeitsverteilungen über Zustände des Systems unabhängig vom eigenen Verhalten sind, betrachtet die Spieltheorie antagonistische, also durch gegensätzliche Interessen charakterisierte Situationen, in denen die Ergebnisse des eigenen Handelns nicht nur von der eigenen Entscheidung, sondern auch von der Entscheidung der anderen beteiligten Handelnden abhängen.

Eine antagonistische Situationen läßt sich zum Beispiel für zwei Beteiligte (Zwist, Streit, Spiel, Krieg, strategische Situation) beschreiben als die Matrix, die in Spalten und Zeilen die Strategien oder Handlungsmöglichkeiten der Beteiligten kombiniert und daraus die Gewinnfunktion zu bestimmen sucht. So lautet in der Matrixdarstellung die Gewinnfunktion H_{32} für eine Strategie A_3 von Spieler A, wenn Spieler B die Strategie B_2 wählt. Man kann sich vorstellen, daß sich bei einem Schachspiel jeder Spieler vor einem Spielzug eine Tabelle mit seinen und seines Gegners Möglichkeiten erstellt und dann versucht, die Gewinnfunktion zu ermitteln. Da dies ob der zahllosen Möglichkeiten ein mühseliges Unterfangen wäre, pflegen gute Schachspieler eher nach Erfahrungsmustern und Intuition als nach der Bewertung unnötig vieler Möglichkeiten vorzugehen.

Das Interesse von Spieler A liegt darin, die für ihn maximale Strategie zu finden, wenn er die Gewinnfunktionen für alle seine Strategien im Hinblick auf jede Strategie von Spieler B wie in Tabelle 3 vergleicht: Es ist für ihn rational, den größten aller noch minimal möglichen Gewinne, d. h. das jeweilige Zeilenminimum zu suchen und dann zu maximieren (das sogenannte Maximin).

		B				
		B_1	**B_2**	**B_3**	**B_4**	**min**
A	**A_1**	H_{11}	H_{12}	H_{13}	H_{14}	
	A_2	H_{21}	H_{22}	H_{23}	H_{24}	
	A_3	H_{31}	H_{32}	H_{33}	H_{34}	
	A_4	H_{41}	H_{42}	H_{43}	H_{44}	
max						

Tabelle 3: Matrixdarstellung eines Spiels – schematisch

Das Interesse von Spieler B liegt in dem Versuch, den größtmöglichen Verlust bei allen Reaktionen von Spieler A zu minimieren, d. h. die Spalten der Matrix nach Maxima zu durchsuchen und dann zu minimieren (das sogenannte Minimax). Wenn nun eine Kombination existiert, bei der das Maximum des Minimums gleich dem Minimum des Maximums ist, d. h., wenn beide Spieler infolge ihrer eigenen Erwägungen nur unter Kenntnis der Gewinnfunktion und der möglichen Züge des jeweils anderen zum selben Ergebnis kommen, nennt man diese Kombination beziehungsweise das zugehörige Feld in der Matrix einen Sattelpunkt.[17] Sogenannte Nullsummenspiele definieren sich über einen antagonistischen Gegensatz: Der Verlust des einen ist der Gewinn des anderen. Unfaire Spiele sind dadurch gekennzeichnet, daß die Einträge in der Matrix einen der Spieler im Schnitt immer benachteiligen. Dies schließt die Existenz von Sattelpunkten nicht aus.

Interessanter sind Spiele ohne Sattelpunkt. Während es beim Spiel mit Sattelpunkt belanglos ist, ob ich weiß, daß der Gegner eine optimale Strategie spielt, da ja beide auf dasselbe Strategiepaar durch »vernünftige« Überlegungen kommen und deshalb die Information über die Absicht des Gegners nichts nützt, ist hier die Kenntnis oder die Unkenntnis der Absicht des Gegners von entscheidender Bedeutung. Die antagonistische Situation lädt demnach nur dann zur Wahrheit und zur Kooperation ein, wenn die Gewinnfunktionen bekannt sind, das Nullsummenspiel einen Sattelpunkt hat und die Kommunikation über diesen Fakt möglich ist.

Bekannt geworden für nichtkooperative Konflikte ist das sogenannte Gefangenendilemma.[18] Zwei Gefangene, Al und Bob, haben zusammen etwas ausgefressen, sind nun verhaftet und dürfen nicht miteinander kommunizieren. Der Richter legt fest, daß beide eine Strafe von nur vier Jahren erreichen können, wenn beide gestehen (der Gewinn wäre dann -4), daß aber, wenn der eine gesteht und der andere lügt beziehungsweise schweigt, für den Gestehenden die Strafe erlassen wird, für den Lügenden hingegen auf fünf Jahre ansteigt. Wenn Komplize Al und Komplize Bob schweigen, soll die Beweislage ausreichen, beide wenigstens für zwei Jahre hinter Gitter zu bringen. In Tabelle 4 ist die Gewinnmatrix in Jahre Gefängnis (als negative Werte) dieses klassischen Spieles angegeben. Man sieht, daß auch dieses Spiel keinen Sattelpunkt hat und daß sich ein Kooperieren kaum auszahlt.

		Komplize Bob	
		schweigt	kooperiert
Komplize Al	schweigt	A=-2, B=-2	A=-5, B=0
	kooperiert	A=0, B=-5	A=-4, B=-4

Tabelle 4: Gefangenendilemma

Ausgehend von der Aktion des Gegners Bob gibt es aus der Sicht von Al zwei Möglichkeiten: Komplize Al schweigt. In diesem Fall bekommt Bob -2 Punkte, falls er ebenfalls schweigt, aber 0 Punkte, also keine Strafe, falls Bob sein Schweigen bricht und mit den Behörden kooperiert und Al somit hereinlegt und dieser zur Höchststrafe verurteilt wird.

Kooperiert Al ebenfalls mit den Behörden, bekommen beide nur -4 Punkte. Es ist also in jedem Fall besser, mit den Behörden zu kooperieren, unabhängig davon, was der Gegner tut oder tun könnte, denn das Ergebnis zeigt sich ja erst, nachdem beide ihren Zug gemacht haben.

Damit ergibt sich die unangenehme Situation, daß das rationale Verhalten beider Spieler nicht zu einem optimalen Ergebnis führt: Beide bekommen -4 Punkte, bei gegenseitiger Kooperation unter den Gefangenen (Verabredung zu schweigen) wären es aber nur -2 gewesen.

Gestehen beide Gefangenen, wäre das für beide eine streng dominante Strategie und würde auch dem sogenannten strategischen Gleichgewicht entsprechen, sie ist jedoch nicht gerade optimal.[19] Um dies herauszufinden, müßten die Gefangenen aber kommunizieren können. Lassen wir zu, daß beide Gefangene miteinander kommunizieren könnten, so könnten sie aushandeln, was sie tun möchten, allerdings könnte es der Fall sein, daß beide aushandeln, nicht zu gestehen, der eine der beiden jedoch die Absprache bricht und sich dadurch besserstellt. In einem solchen Falle würde es sich lohnen, mit den Behörden zu kooperieren. Deshalb hängen nichtkooperative Spiele empfindlich von der Informationsverteilung ab.[20]

Das Gefangenendilemma hat bis heute eine paradigmatische Funktion in vielen Diskussionen in der Philosophie, der Biologie, vor allem der Soziobiologie, der Evolutionsbiologie, in den Politikwissenschaften und in den Wirtschaftswissenschaften. Es zeigt einen möglichen Konflikt zwischen individueller Rationalität und der Rationalität einer Gruppe auf. Eine Gruppe, in der alle Mitglieder rational ihren wohlverstandenen Eigeninteressen nachgehen, hat bezüglich einer Aufgabenstellung (z. B. sich mit knappen Mitteln zu versorgen) eine schlechtere Effizienz als eine Gruppe, deren Mitglieder gegen ihre eigenen Interessen zu handeln imstande sind. Allgemeiner gesagt, lehrt das Dilemma, daß eine Gruppe, deren Mitglieder einzeln rationale Ziele verfolgen, weniger erfolgreich ist, als wenn die Mitglieder der Gruppe ihre individuellen Ziele nicht auf rationale Weise verfolgt hätten.

Die Spieltheorie hat nach 1965 begonnen, das sogenannte iterierte Gefangenendilemma durchzuspielen, d.h. die Strategien zu ermitteln, die sich im Schnitt als die günstigsten erweisen, wenn man das Spiel mehrmals hintereinander spielt und dann die entsprechenden erhaltenen Gewinnfunktionen addiert. Dabei ergibt sich, daß die Strategie des TIT-for-TAT (nimm das für das) sich auf lange Sicht auszahlt: Diese Strategie besteht darin, daß man zuerst nicht betrügt und dies nur dann einmal tut, wenn der andere zu betrügen beginnt.[21]

Das Ganze funktioniert aber nur auf der Ebene der Modellierung, wenn man die Gewinnfunktion angeben kann (die sog. *pay offs*), und zwar so, daß man sie als mathematische Funktion des Gewinns des »Gegners« ausdrücken kann. Dazu ist es zunächst einmal erforderlich anzunehmen, daß Gewinn und Verlust auf beiden Seiten in irgendeiner Weise verrechnet werden können. Daß diese Voraussetzung selten gegeben ist, leuchtet aus der Betrachtung des komplizierten Alltags solcher Situationen und der darin sich zeigenden Affekte schnell ein.

Kooperation

Auch hier trägt der Kompensationsgedanke nicht mehr. Während in der normalen Spieltheorie die Gewinnfunktion nicht nur aus Definitionen und Regeln pro Spielzug eruiert werden kann, sondern auch, z.B. bei Geschäften, quantitativ formulierbare[22] Vorteile verglichen werden, sind Konfliktsituationen dann nicht mehr modellierbar, wenn die Kriterien für die Erstellung der Gewinnfunktion auf beiden Seiten verschieden sind. So geht es z.B. dem einen um das Geld, dem anderen um die Ehre. Der übliche betriebswirtschaftliche Ansatz, daß das alles miteinander verrechnet werden kann, wenn man nur die Frage stellt, ob jemand bereit wäre, statt der Ehre einen Geldbetrag oder Sachwerte zu akzeptieren, zählt dann im Wortsinn nicht mehr, wenn sich jemand seine Ehre eben nicht abkaufen läßt.

Die Sache wird auch dann nicht einfacher, wenn man den Altruismus mit in den Blick nimmt, ohne den keine Gesellschaft stabil existieren kann. Zunächst könnte man annehmen, daß Altruismus ein Verhalten ist, das sich evolutionstheoretisch erklären läßt: Es gibt egoistische Gene, die sich phänotypisch so äußern, daß eine Sippen- beziehungsweise Verwandtenselektion im Verhalten stattfindet. Der eigene Genpool soll möglichst zur Vermehrung unterstützt werden. Je verwandtschaftlich näher zwei Individuen sind, desto wahrscheinlicher wäre es dann, daß sie Träger der gleichen Gene sind. Altruistisches Verhalten gegenüber Verwandten würde somit die Verbreitung der eigenen Gene steigern. Nun gibt es jedoch auch beobachtbaren Altruismus gegenüber Nichtmitgliedern der Sippe.

Die Goldene Regel »Was du nicht willst, was man dir tu', das füg auch keinem anderen zu« reicht zur Begründung von Altruismus nicht aus, denn sie funktioniert nicht, wenn es sich um Nullsummenspiele handelt und keine Win-win-Situation zu finden ist. Nur durch die Einführung der Kooperation wird aus dem Nullsummenspiel ein Spiel mit zwar nicht ganz optimalen Gewinnfunktionen für die Beteiligten, aber das Risiko des absoluten Verlierers entfällt. Das bedeutet, daß der wahre Egoist kooperiert und das Teilen eine Investition in das gegenseitige und damit eigene Wohlergehen darstellen kann.[23]

Nun sind menschliche wie institutionelle Absichtserklärungen leicht korrumpierbar. In einem harten Konfliktfall könnte mein Gegenüber unter gewissen Umständen, die mit seiner Belohnungssituation zusammenhängen, nicht lange zögern, sein

Kooperationsabkommen zu brechen, wenn dadurch sein persönlicher Gewinn noch höher wird. Allerdings dürfte auch hier die Differenz zwischen dem Verlust von Vertrauen und Ehre als einer wesentlichen Voraussetzung künftigen gedeihlichen Zusammenlebens einerseits und dem persönlichen Gewinn andererseits entscheidend sein.[24]

Kooperation, auch bei langfristigen Auszahlungshorizonten, kann jedoch nicht so ohne weiteres spontan entstehen, wenn die Erfahrung überwiegt, daß altruistische Vorleistungen durch kurzfristiges Eigeninteresse der Beteiligten in Gefahr geraten, ausgenutzt zu werden. Auch wenn dies nur einige wenige Male geschehen mag, weil die dann Ausgenutzten ihren Altruismus aufgeben, beginnt im schlimmsten Fall der Kampf aller gegen alle. Ohne Vorvertrauen läßt sich keine funktionierende, arbeitsteilige Gesellschaft aufbauen.

Man kann die These der egoistischen Gene durchaus bestreiten, denn damit ist ja auch die zuweilen unangenehme Vorstellung verbunden, daß Spezifika des menschlichen Verhaltens und humane Wertvorstellungen durch eine rein biologische Sicht erklärt würden. Die Soziobiologie geht in ihrem Ansatz recht reduktionistisch vor, führt sie doch alle Motive des menschlichen Handelns auf einen biologisch fundierten Egoismus und auf evolutionär gewordene innere Triebstrukturen zurück. Daß sie auch versucht, daraus ethische Vorstellungen und moralische Sätze abzuleiten, die sich in diesem Rahmen als vernünftige Verhaltensschemata erweisen sollen, bringt sie in Konflikt mit den Disziplinen wie Ethik und Theologie, aber auch mit der Wissenschaftstheorie.[25]

Nun sind, wie gesagt, die Formen, die ein Gewinn annehmen kann, auch durch Affekte bestimmt, und auch altruistisches Verhalten kann letztlich als egoistisch gedeutet werden, weil es das affektive Bedürfnis nach Mitleid, Mitgefühl sowie die Sehnsucht nach ausgleichender Gerechtigkeit und nach Gemeinsinn usw. zu erfüllen vermag.

Der Mensch profitiert von seiner altruistischen Handlung, indem er sich selbst moralisch belohnt. Nächstenliebe und Uneigennützigkeit gelten als die hochrangigen Tugenden, deren Befolgung höchste Anerkennung vor sich selbst und vor anderen verspricht. Dies könnte jedoch eher etwas mit einer eigenen inneren Schadensbegrenzung zu tun haben als mit der Einsicht in einen längerfristigen Nutzen kooperativen Verhaltens. Man kann mit dieser Position, ähnlich wie Friedrich Nietzsche, die Moral als Stützkorsett für diejenigen ansehen, die emotional so etwas wie Mitleid nötig haben[26] – ganz ähnlich argumentiert auch schon Thrasymachos, der schnöselige Gesprächspartner des Sokrates in Platons Politeia.[27] Andererseits ist es einsichtig, daß es in einem funktionierenden Gemeinwesen, man kann auch sagen, Mehrpersonen-Nichtnullsummenspiel, im eigenen Interesse durchaus rational ist, bei der Kooperation mit anderen Menschen auf kurzfristige Gewinnmaximierung zu verzichten. Es kommt auch bei der Wahl der Strategie TIT-for-TAT der Effekt zustande, daß derjenige, der seine Interessen rücksichtslos durchsetzt, seine Mitspieler verprellt und dadurch sich selbst der Chance beraubt, mit denselben Partnern »weitere Spielrunden« mit beiderseitigem Gewinn zu machen.

Sicher gibt es noch weitere rationale Gründe, altruistisch zu sein. So weiß man, daß Altruismus die Transaktionskosten bei Arbeitsteiligkeit senken hilft, ja es besteht sogar die Vermutung, daß Arbeitsteiligkeit ohne Altruismus gar nicht möglich ist.[28] Das hat allerdings schon Adam Smith gewußt. Er, dem man die Fiction des *homo oeconomicus* immer unterstellt hat, die explizit so nie in seinem Werk auftaucht, schrieb:

Mag man den Menschen auch für noch so egoistisch halten, es liegen doch offenbar gewisse Prinzipien in seiner Natur, die ihn dazu bestimmen, an dem Schicksal anderer Anteil zu nehmen, und die ihm die Glückseligkeit dieser anderen zum Bedürfnis machen, obgleich er keinen anderen Vorteil daraus zieht als das Vergnügen, Zeuge davon zu sein.[29]

7 Gerechtigkeit

Unfaire Spiele

Es gibt Situationen, in denen wir keine Chance haben. Das empfinden wir als ungerecht. Solche Konflikte nennt die Spieltheorie »unfaire Spiele«.

Ein Beispiel einer extrem unfairen Situation, dessen spieltheoretische Beschreibung trotz allem einen Sattelpunkt hat, berichtet O. G. Haywood aus dem Zweiten Weltkrieg.[1] Die japanische Seite möchte einen Geleitzug von Rabaul zu einem Zielhafen in Neuguinea bringen. Dazu muß sie die Insel New Britain umfahren (vgl. schematische Abbildung 1). Auf der Insel New Britain sind amerikanische Kampfflugzeuge stationiert, die diesen Geleitzug bombardieren könnten. Die nördliche Route benötigt zwei Tage, hat jedoch schlechte Wetterbedingungen, so daß die Bombardierung der Flugzeuge erschwert wird. Die südliche Umfahrung dauert länger, etwa drei Tage, bietet aber

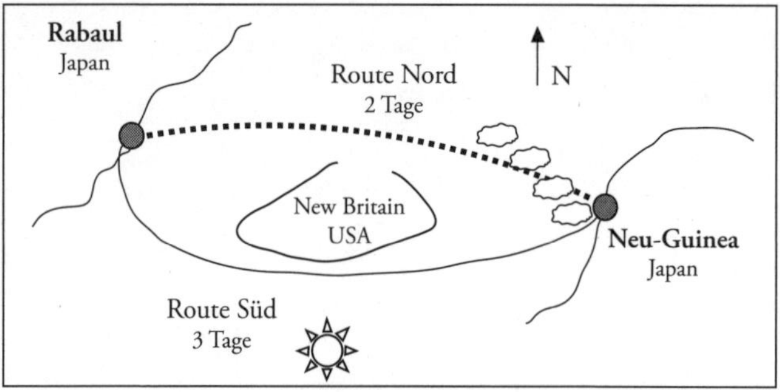

Abbildung 1: Unfaires Spiel. Erläuterung siehe Text

gute Wetterbedingungen. Der Kommandant der auf New Britain stationierten amerikanischen Truppen kann seine Aufklärungsflugzeuge auf die nördliche Seite oder auf die südliche Seite schicken. Je eher der Geleitzug entdeckt wird, desto länger kann man ihn bombardieren und damit um so sicherer ausschalten. Die Zeit der Bombardierung wird jedoch reduziert, wenn die Aufklärungsflugzeuge zuerst dort suchen, wo der Gegner nicht entlangfährt. Die Gewinnfunktion für die Amerikaner wird ausgedrückt in Tagen, in denen der Geleitzug bombardiert werden kann, sollte er entdeckt werden.

Wählt Japan die Nordroute und schickt Amerika die Aufklärungsflugzeuge zum nördlichen Teil der Insel, so sei die mögliche Bombardierungszeit zwei Tage. Wählt hingegen Japan die Südroute, so stehen für die Bombardierung ebenfalls zwei Tage zur Verfügung, obwohl die Flugzeuge drei Tage unterwegs sind, da die Aufklärung einen Tag braucht, bis sie sie entdeckt. Wählt umgekehrt Amerika die Südküste für die Aufklärungsflugzeuge und Japan die Nordroute, dann reduziert sich entsprechend die mögliche Bombardierungszeit auf einen Tag, während dem Gegner, wenn Japan die Südroute wählt, drei volle Tage für die Bombardierung zur Verfügung stehen.

Die Matrix in Tabelle 5 zeigt, daß der Sattelpunkt bei der

		Japan fährt über …	
		Nordroute	Südroute
USA schickt Aufklärer über …	Nordroute	2	2
	Südroute	1	3

Tabelle 5: Gewinnfunktionen in einem unfairen Spiel

Nordroute liegt, und entsprechend haben sich Japan und die USA verhalten. Die zweitägige Bombardierung führte zur Vernichtung der Flotte.

Aus diesem Beispiel der japanisch-amerikanischen Kriegsgeschichte wie auch aus Spielen ohne Sattelpunkt[2] kann man leicht ersehen, daß die Absicht des Gegners aus der Abfolge seines Verhaltens bei gleichen Situationen ermittelt werden kann, sofern es nicht bei einem einmaligen Konflikt bleibt. Man gerät in die Spirale des »ich denke, daß er denkt, daß ich denke ...«. Um den Gegner daran zu hindern, seine Strategie zu optimieren, was ja dem eigenen Verlust entsprechen würde, muß man ihn also über die wahren Absichten täuschen. Dies kann man bei Situationen ohne Sattelpunkt erreichen, indem man die Strategie mischt, und zwar so, daß sie zufällig, d. h. nicht vorhersehbar ist und keine Gesetzmäßigkeiten erkennen läßt. Das ist bereits ein systematisch angelegter Täuschungsversuch, der schon allein aus der formalen Beschreibung der Konfliktsituation bei den gegebenen Bedingungen zwingend ist.

Damit sind zwei wesentliche Bestimmungselemente gegeben: Eine solche Situation wird als ungerecht empfunden, und sie zwingt zu einem Verhalten, das in Normalsituationen nicht als belohnenswert angesehen wird. Unfaire Situationen verändern also offenkundig die innere Logik von Belohnungssystemen, innerhalb derer sie sich abspielen. Dies scheint ja auch der tiefere Grund zu sein, weshalb es Menschen gibt, die den Frieden als langweilig ansehen, weil dieser das Ausleben bestimmter »Tugenden« nicht belohnt, und andere, die meisten den Krieg als schrecklich empfinden, weil er aus ihrer Sicht die Bedingungen zur Moralität auflöst – und die Wahrheit das erste Opfer wird.

Gerechter Lohn

Die Chancenlosigkeit einer unfairen Situation empfinden wir als ungerecht. Sie kommt in zwei Formen daher: Die erste Form ist die der Seeschlacht im Beispiel wie oben: Gleichgültig, was wir tun, wir werden verlieren. Es gibt aber auch die andere Form: Wie lange man auch arbeitet, gleichgültig, was man tut, man kann nie hinzugewinnen.

Beispiele aus der Bibel verunsichern unsere Vorstellung vom gerechten Ausgleich für Leistung oder vorenthaltene Leistung – die Entlohnungsregelung bei den Arbeitern im Weinberg, oder das unverdiente Willkommen bei der Rückkehr des Verlorenen Sohns.[3] Hier bricht der Gedanke, wonach Äquivalente ineinander überführt oder gegenseitig ausgeglichen werden könnten, zusammen. Nun macht die Bibel mit ökonomischen Vergleichen eher theologische Aussagen: Sie weist darauf hin, daß überirdische Gerechtigkeitsvorstellungen sich nicht mit irdischen Äquivalenzbegriffen denken lassen. Damit wird auch ein Grundzug der Naturalisierung, der beim ökonomischen Denken vorherrscht, obsolet: daß das, was ausgeglichen wird, einen wägbaren Mengencharakter habe beziehungsweise eine Menge aus Stoff, objektivierbar in Qualität und Quantität, sei.

Ich greife das Problem des gerechten Lohns nochmals auf. Auf den Irrtum, der zu einer Reihe von ökonomischen Falschannahmen geführt hat, habe ich bereits verwiesen. Er besteht darin, daß Geld eine Menge sei, die als Tauschäquivalent eine gegenseitige Verrechnung von Leistung ermöglicht. Geld spielt nur die symbolische Rolle der Information und nicht als Menge, Geld ist eine Information über Kompensationserwartung bei einem Tausch, der durchgeführt oder geplant wird. Ich kann dieser Information trauen oder ihr mißtrauen. Mißtraue ich ihr, ist das

Geld nichts mehr wert. Die Kompensationserwartung kann sich auf die in einer bestimmten Zeit aufgewendete Anstrengung beziehen oder – das eher klassische Entlohnungsmodell – auf das Ergebnis der Anstrengung, das Produkt oder die gelungene Dienstleistung.

Allerdings spielt hier eine Reihe unterschiedlicher Gerechtigkeitsvorstellungen mit hinein. Das Thema ist in der Geschichte der Philosophie prominent vertreten, von Aristoteles bis John Rawls.[4] Ist das Gerechte das, was dem Menschen von Natur aus zukommen soll, oder das, was ihm nach seiner Leistung zusteht? Ist das Faire das Gerechte?

Der klassische Gerechtigkeitsbegriff[5] baut auf der Abwägung auf, jedem in der Gemeinschaft das *Seine* und der Gemeinschaft das Ihre selbst zuzuerkennen – *suum cuique tribuere.* Das zu verfolgen ist eine allgemeine Tugend,[6] die jedoch verschiedene Formen aufweist: Die Tauschgerechtigkeit (*iustitia commutativa*) oder auch Vertragsgerechtigkeit strebt eine ausgleichende Gerechtigkeit im Verhältnis der einzelnen untereinander an. Sie repräsentiert am ehesten den Kompensationsgedanken. Die gesetzliche Gerechtigkeit (*iustitia generalis* oder *legalis*) drückt sich im Verhältnis des einzelnen zum sozialen Ganzen (Gemeinschaft) nach dem Maß des Gemeinwohls aus. Die soziale Gerechtigkeit oder Verteilungsgerechtigkeit (*iustitia distributiva*) bestimmt das Verhältnis der Gemeinschaft zum einzelnen nach dem Maß der absolut gleichen oder proportional gleichen Teilhabe am Gemeinwohl.

Gerechter Lohn nach der *iustitia commutativa*, der Tauschgerechtigkeit, wäre nach der Äquivalenz von Kaufkraft des Geldes und Wert der Arbeitskraft anzusetzen. Der Lohn würde sich dann danach bemessen, was sich der Arbeiter für den Lohn kaufen kann. In einer arbeitsteiligen Gesellschaft gibt es aber dann das Problem, daß der Arbeiter sich das Produkt, das er herstellt, möglicherweise selbst nicht »leisten« kann. Entlohnt man nach dem Erfolg oder Arbeitsergebnis, was dem Werkvertragsmodell entspricht, dann würde die *iustitia commutativa* verlangen, daß die Kaufkraft des Lohnes (Honorar) dem Tauschwert des erarbeiteten Produkts entsprechen müßte. Dabei müßten noch Transaktionskosten zugestanden werden. Das Problem hier ist, daß dann nur das Arbeitsergebnis, das konkret einen Tauschwert hat, entlohnt wird. Das jedoch hängt vom Marktgeschehen ab, und der Markt ist kein Subjekt, das gerecht handeln könnte oder müßte.[7]

Die soziale Gerechtigkeit (*iustitia distributiva*) findet in einer Form Anwendung, die wir vom Sozialstaat her kennen: Sofern die Leistungserbringung nicht möglich ist, wird über Sozialversicherungsmodelle eine Solidargemeinschaft gebildet, die – im ersten Ansatz nur vorübergehend – Leistungen und Güter nach dem Bedürfnis und nicht nach der Leistung zuteilt. Die Anfänge finden sich schon im Mittelalter, nicht erst seit den Bismarckschen Sozialgesetzen. Aus der Vorstellung der vorübergehenden Unterstützung ist de facto ein Unterstützungsmodell auf Dauer geworden, da sich unsere hochtechnisierte Gesellschaft Dauerverlierer des Anpassungsprozesses und damit eine ständig steigende Sockelarbeitslosigkeit leistet. Diese wird letztlich alimentiert in einer Größenordnung, die auch einem Bürgergeld entsprechen würde, wenn man Hartz-IV-Kosten und den Verwaltungsaufwand der Arbeitsagenturen mit dazurechnen würde.[8]

Die Legitimität hoher Managergehälter müßte in einem anderen Gerechtigkeitsbegriff als der *iustitia commutativa* liegen, sofern sich die Nutznießer dieses Systems überhaupt auf Gerechtigkeitsüberlegungen einlassen. Asymmetrien werden ja nur dann als ungerecht empfunden, wenn man auf der falschen Seite ist. Die *iustitia distributiva* käme in der Tat zur Anwendung, wenn man die Grundgehälter und Boni als Apanage für die Zugehörigkeit zu einer Klasse begreift. Definiert man jetzt noch die Bedürfnisse eines Angehörigen einer solchen Klasse danach, mit allen anderen Managern – auch international, wie ja immer betont wird – mithalten zu können, dann sind die Zahlungen – Entlohnung kann man das nicht nennen – in der Tat nicht nach Leistung, sondern nach den Bedürfnissen einer Klasse ausgerichtet. Diese Klasse befindet sich zudem noch in der angenehmen Lage, ihre Bedürfnisse selbst definieren zu können. Für diejenigen, die nicht zu dieser Klasse zählen, ist dies ein unfaires Spiel.

Erwartung und Anspruch

Durfte der Erfinder Hans Vogt gerechterweise die Früchte seiner Arbeit beanspruchen? Warum wurde Dieter Seitzer in die *Hall of Fame* aufgenommen? Weil er den schaltungstechnischen Grundstein für die Arbeiten am MP3-Format legte, auch wenn er an den Problemen der späteren Algorithmenentwicklung an seinem Institut nicht mehr direkt beteiligt war. Es geht nicht um eine Neiddebatte – eine Leistung, vor allem eine zu belohnende, wird in unterschiedlichen Kontexten und Situationen unterschiedlich wahrgenommen. Aber es gilt: Belohnungssysteme und ihre Regeln werden naturgemäß von denen gehegt und gepflegt, die überwiegend von ihnen profitieren.

Sieht man jedoch die Institutionen an, die dem Schutz des geistigen Eigentums dienen sollen – im Sinne der Bedingung der Möglichkeit von künftigen Belohnungen –, indem sie versuchen, dem Urheber (Erfinder, Künstler oder Dichter) die Früchte seines Erfolgs auch zukommen zu lassen, dann stellt man fest, daß es damit nicht weit her ist. Die technische Entwicklung läuft dem Recht davon, wovon die Musikindustrie ein Lied zu singen weiß. Patente werden vielfach angemeldet, um andere Erfindungen zu blockieren, und nur etwa zwei bis drei Prozent der erteilten Patente führen auch zu neuen und brauchbaren Produkten. Wem gehört ein mathematischer Beweis? Niemandem – der Mathematiker, der ihn als erster geführt hat, hat Glück, wenn die wissenschaftliche Gemeinschaft der Mathematiker seinen Namen mit dem Beweis verbindet und er vielleicht einen Preis oder eine Ehrung bekommt. Wem gehört ein Computer-Programm? Lange Zeit hat die Gesetzgebung wie die Rechtsprechung Computerprogramme als bloße Texte angesehen, die lediglich dem Urheberrecht unterworfen seien, und nicht als technische Erfindung.[9] Das hat sich geändert.

Was dürfen wir also als Belohnung für eine außergewöhnliche Leistung erwarten? Nichts – weil es zwar die Verpflichtung zur Entlohnung, aber nicht die Verpflichtung zur Belohnung gibt. Der Erfinder ist meist der verlierende Part in einem strukturell unfairen Spiel. Gleichwohl steuern Belohnungssysteme das Verhalten der Wissenschaftler, der Ingenieure und Erfinder, der Manager und Makler, der Politiker und Juristen, der Journalisten, Künstler und Gläubigen.

8 Belohnungssysteme

Komponenten und Aufbau eines Belohnungssystems

Unter Belohnungssystemen sollen hier nicht die herkömmlichen Anreizsysteme (*incentives*) im Management oder die vielfältigen Treuerabatte und Akquisitionsprämien und Entlohnungssysteme im Arbeitsleben verstanden werden. Es geht um das Zusammenspiel von Situationen, Regeln, Beteiligten und vor allem um Motivationen, Affekte, Antriebe und Werte, die in unterschiedlichen Dimensionen angeordnet werden können. Trotzdem sind diese Dimensionen nicht unabhängig von den Entlohnungssystemen zu sehen, da diese gewissermaßen den Unterbau für Belohnungen abgeben. Das bedeutet, daß die monetäre Dimension eine von vielen ist – die bisher zusammengetragene Phänomenologie legt nahe, daß gerade diese Dimension sich gegen Vergleiche mit den anderen sperrt, obwohl doch Geld nach herkömmlicher Auffassung nicht Vergleichbares vergleichbar machen soll.

Ich gehe so weit zu behaupten, daß Belohnungssysteme, durchaus in einer lockeren Anlehnung an Bentham, eines der elementaren Bindeglieder zwischen Individuum und Gesellschaft darstellen.

Belohnungssysteme haben einen »lokalen« Charakter, d. h., sie gelten nicht für eine ganze Gesellschaft – vielmehr kann man in Teilbereichen der Gesellschaft unterschiedliche Belohnungssysteme ausfindig machen, die zum Teil miteinander konkurrieren. Diese Teilbereiche nennen wir auch gesellschaftliche Subsysteme.

Nun stellen solche gesellschaftlichen Subsysteme keine Objekte wie in der Physik dar, vielmehr sind sie lediglich Beschreibungen, die wir beim Versuch, Gesellschaft und ihre Teile zu verstehen, als Modell anfertigen. Was wir als Gesetzmäßigkeiten ansehen, sind Regularitäten, die wir systemtheoretisch und mit entsprechendem Vokabular modellieren.[1]

Wenn wir also von Belohnungssystem sprechen, meinen wir ein Modell der Beziehungen zwischen den Komponenten Instanz (dem Geber), Belohnungsempfänger, dem *matter of reward* und dem Belohnungswürdigen, dem Verdienst. All diese Komponenten lassen sich in unterschiedlichen Ausprägungen in den Teilbereichen der Gesellschaft finden.

Der oben genannte vierstellige Belohnungsbegriff gibt einen Hinweis darauf, wie ein Belohnungssystem aufgebaut werden kann (vgl. Abb. 2): die Instanz (wer belohnt), die Belohnung (womit wird belohnt), das zu Belohnende (wofür wird belohnt) und der Belohnte (wer wird belohnt). Die Realisierung eines Belohnungssystem ist dann ein Satz von Regeln, die angeben, wer wofür durch wen mit was in einem gegebenen Kontext belohnt wird.

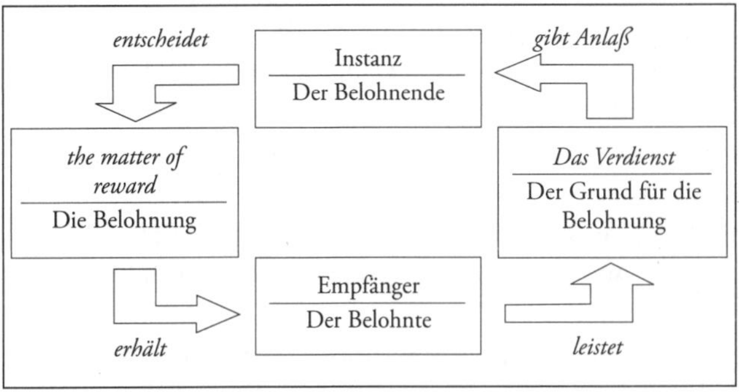

Abbildung 2: Komponenten eines Belohnungssystems

Danach können wir unterscheiden zwischen autonomen und heteronomen Belohnungssystemen. Wenn die Instanz und der Empfänger der Belohnung zusammenfallen, könnten wir von Selbstbelohnungs- oder autonomen Belohnungssystemen sprechen. Sie sind eher Gegenstand der Individualpsychologie, spielen aber in gesellschaftlichen Belohnungssystemen insofern eine Rolle, als dort vielfach Belohnungsaufgaben an die Selbstbelohnungssysteme delegiert werden, mit positiven wie auch verheerenden Folgen – von der intrinsischen Motivation bis hin zur Sucht.

Zu erwartende Belohnungen bilden Anreize und überformen, bestärken oder schwächen schon bestehende Motivationen. Sie beeinflussen direkt und indirekt unsere Handlungen und etablieren damit Verhaltensweisen, die sich als Projektion solcher Belohnungssysteme in gesellschaftlichen Teilsystemen verstehen lassen.

Ich führe bei der Auflistung der vier Komponenten des Belohnungssystems in der folgenden Tabelle 6 eine Spalte ein, in der ein Spektrum der Möglichkeiten angedeutet wird, um die Ausprägungen der Komponenten festzulegen. Das Vorgehen ist ähnlich dem sogenannten morphologischen Kasten, der die Ausprägungen eines variabel gefüllten Begriffs zusammenstellt. Konkrete Belohnungssysteme zeichnen sich durch die Angaben der tatsächlich benutzten Ausprägungen der Komponenten Instanz, Belohnung, Belohnungsgrund und Belohnte aus. Demnach gäbe es so viele Realisierungen von Belohnungssystemen, wie viele Ausprägungen jeweils sinnvoll miteinander kombiniert werden können.

Um nicht in eine kombinatorische Explosion zu geraten, kommt es auf die Strukturen an, die sich ergeben, wenn man die Ausprägungen der Komponenten miteinander in Bezie-

<table>
<tr><th>Frage</th><th>Komponente</th><th>Ausprägungen</th><th colspan="2">Ausdifferenzierung</th></tr>
<tr><td>Wer?</td><td>Der Empfänger
Der Belohnte</td><td>Person, Gruppe, Institution</td><td colspan="2">Motivation zur Erbringung der zu belohnenden Leistung Erwartungshaltung: dezidiert Belohnung erwartend – abwartend – nicht erwartend Situiertheit: gesellschaftliche Zugehörigkeit, bestehender Status, berufliche Rolle</td></tr>
<tr><td>Durch wen?</td><td>Die Instanz
Der Belohnende</td><td>Das Selbst, andere Personen, Institutionen, Transzendente Entität</td><td colspan="2">Beziehung zur diesen Personen/Institutionen, Machtverhältnisse, Abhängigkeitsverhältnisse; Verheißungskontext</td></tr>
<tr><td>Womit?</td><td>The matter of reward:
Die Belohnung</td><td>Materielle Zuwendungen und nicht materielle Vorteile</td><td colspan="2">Größenordnungen des Vorteils, der Angenehmheit, des Gewinns, der Zuträglichkeit, der Erfüllung positiver Affekte, der Vermeidung negativer Affekts, Privilegien, Erlaß von Verpflichtungen oder Strafe</td></tr>
<tr><td rowspan="2">Wofür?</td><td rowspan="2">Das Verdienst
Gründe für die Belohnung</td><td>Zeithorizont kurzfristig</td><td>Die gute Tat, Leistung, Produkt</td><td>die Intentionen, die Folgen</td></tr>
<tr><td>langfristig</td><td>Dienst, Haltung, Werk, Leben</td><td>die Gesinnung, die Wirkungen</td></tr>
</table>

Tabelle 6: Ausprägungen von Belohnungssystemen (Erläuterungen siehe Text)

hung setzt. Bei näherer Betrachtung der Belohnungskomponenten ist festzustellen, daß sich Belohnungssysteme bereits durch die zumeist verschiedenen, untereinander nur begrenzt oder gar nicht verrechenbaren Ausprägungen der Komponente »Belohnung« ausdifferenzieren. Dabei spielt es keine Rolle, ob diese Inkommensurabilitäten objektivierbar sind oder nicht – entscheidend ist, daß sie von den Beteiligten eines Belohnungssystems für nicht verrechenbar gehalten werden oder daß ihre Verrechnung abgelehnt wird. Die geläufige Auffassung, Zuwendung könne man nicht durch Geschenke ersetzen, stehe als Beispiel dafür.

Dieses Schema eines allgemeinen Belohnungssystems in Tabelle 6 gestattet es, sich zahlreiche Pathologien auszudenken, wenn die Ausprägungen der Variablen jeweils extrem angesetzt werden.

Die gegenseitige Verrechenbarkeit der Ausprägungen der Komponente »Belohnung« ist, wie gesagt, sehr begrenzt. Anerkennung kann man nicht kaufen, die Anerkennung eines verliehenen Preises aber steigt proportional zur Höhe des ausgelobten Preisgeldes. In der Mediengesellschaft lassen sich Ruhm und Ehre über mediale Umsetzung – vornehmlich durch Werbung – in Ökonomisches verwandeln. Daß Macht und Geld zusammengehören, ist ein Gemeinplatz – allerdings braucht es dazu eine gewisse kritische Größe des Reichtums, um qua Reichtum mächtig zu sein. In einem funktionierenden Rechtsstaat hat dies Grenzen. Die internationale globale Wirtschaft, die eine Weltbinnenwirtschaft darstellt, ist aber nicht rechtsstaatlich verfaßt. Hier gilt noch der Satz, daß wer über die Kapitalflüsse gebietet, auch politische und demokratisch kaum kontrollierbare Macht hat.

Anerkennung und Selbstwertgefühl sind nicht immer unmittelbar miteinander verknüpft: Der Beifall von der falschen Seite oder überzogene Erwartungen an Anerkennung können das Selbstwertgefühl durchaus beeinträchtigen – umgekehrt zeichnen sich gerade starke Personen dadurch aus, daß sie – zu einem gewissen Grade – ihr Selbstwertgefühl unabhängig von der Anerkennung anderer entwickeln können.

Viele beziehen ihr Selbstwertgefühl aus der Macht, weil sie Macht mit Anerkennung verwechseln.[2] Anerkennung allein bringt freilich noch keine Macht – dazu gehört noch die Organisation von Zustimmung.[3] Mit gegenseitigen Verpflichtungen allein ist Anerkennung kaum verrechenbar, erst ihre Erfüllung verschafft Anerkennung.

Wer belohnt – die Instanz

Sind die Instanzen für unsere Anerkennung die richtigen?

Konstrukteure beispielsweise wachsen in einem Gewohnheitsmilieu auf – zuerst muß das Herkömmliche funktionieren, bevor man sich etwas radikal Neues ausdenkt. Das lernt jeder Student einschlägiger Fächer in den ersten Semestern. Das wirklich Neue ist schwer durchsetzbar, es bedarf erheblichen Argumentations- und Überzeugungsaufwandes, einen Investor dazu zu bewegen, viel Geld in die Hand zu nehmen und aus einer Invention eine Innovation – im Sinne eines brauchbaren und verkaufbaren Produkts – zu machen. Das Herkömmliche hingegen, etwas aufzupolieren – *face lifting* nennt man das unter anderem in der Automobilbranche –, bringt eher Lob und Anerkennung, weil es billiger ist und als Neuheit verkauft werden kann. Es ist wahr, daß Feldstudien betrieben werden und Umfragen erfolgen, Testpersonen benötigt und eingesetzt werden – der Kunde ist zwar König, jedoch keine Instanz. Er ist nicht wirklich Herr eines Belohnungsverfahrens, er wird höchstens durch die Fachpresse und Testzeitschriften »vertreten«.

Warum bleuen die Unternehmensberater, Motivatoren und Entwickler von Erfolgsstrategien »ihren« Kunden ständig ein, sie sollten sich am Kunden orientieren? Zuerst wird gefragt, wo die eigenen Stärken und Schwächen liegen, was man anbieten kann und ob dies von Nutzen für die Kunden ist. Schon die Reihenfolge ist verräterisch: Statt zu fragen, welche Fähigkeiten und welches Können man entwickeln müßte, um für den Kunden nützlich zu sein, wird aufgrund des vorhandenen Könnens nach dem passenden Kunden und der Zielgruppe gesucht. Wir haben die Lösung und suchen noch jemanden, der das Problem dazu hat. Dann kommt treuherzig der Rat, eine Marktnische zu besetzen und sich auf seine eigentlichen Stärken zu besinnen. Die Fragerichtung ist immer noch dieselbe. Ich kann etwas – wie wird das bekannt? Die Forderung, sich in die Zielgruppe einzudenken, klingt gut, müßte aber in der Abfolge von Anforderungen früher einsetzen. Die Beschwörungen, doch endlich mit dem Kunden zu reden, ihn als Ideenlieferant anzusehen, kommen oft zu spät. Das Ostinato, das man allenthalben in diesem Bereich vernimmt, ist auffällig. Es scheint etwas mit dem verzweifelten Kampf gegen überkommene Denkgewohnheiten zu tun zu haben, den die Unternehmensberater in den Betrieben führen.

Zur Belohnungsinstanz scheint der Kunde aus dieser Sicht wenig zu taugen – außerdem wird ihm unterstellt, daß er seine Bedürfnisse ohnehin nicht klar zu artikulieren vermöge, weil er die technischen Möglichkeiten ja nicht kenne. Beschwerden zu managen wird einfachheitshalber in Streßbewältigungsseminaren gelehrt. Selten findet man hingegen den Hinweis, daß jede Beschwerde eine ernst zu nehmende Quelle für Verbesserungen und Anregungen sein könnte. Da nützt auch die direkte persönliche Ansprache mit der üblichen Floskel *»Was kann ich für Sie tun?«* nichts – den instrumentalen Grundzug dieser Herzlichkeitsdarstellung hat der Kunde schneller durchschaut, als die Regisseure solcher schlechten Inszenierungen ihre Gewohnheiten ändern können.

Wofür belohnt wird – Verdienste

Aus der Struktur eines Belohnungssystems in Tabelle 6 läßt sich leicht ablesen, wo Korrekturen möglich wären, nämlich bei dem, wofür belohnt wird. Hier setzt nicht nur die Kritik an bestehenden Belohnungssystemen ein, sondern auch eine Kritik an der Gesellschaft, da das, wofür belohnt wird, auch Wertepräferenzen innerhalb der Gesellschaft widerspiegelt.

Die Rubriken, wofür belohnt wird, wie etwa »die gute Tat«, die Leistung, das Produkt, der Dienst, die Haltung, das Werk, die Lebensleistung, sind ja eher formale Rubriken, die zwar Klassifizierungen für verliehene Preise darstellen, aber noch mit Inhalt zu füllen wären. Dazu ein paar populäre Beispiele:

Der Arzt, und durch ihn und mit ihm agierend das Gesundheitssystem, scheint weder für die Prävention noch für die wirklich durchgeführte Heilung be- oder entlohnt zu werden, also auch nicht für den Erfolg des Heilens oder eine Nutzenmaximierung der Prävention. Es sind eher die Therapiebemühungen, die belohnt werden. Es gibt bei den Versicherungen nur wenige Ansätze zu Prämienzahlungen für Nichtnutzung des Gesundheitssystems. Da das System größtenteils hin zur Kostenminimierung einer einzelnen Therapie treibt, muß der Arzt daran interessiert sein, möglichst viele Therapiemaßnahmen durchzuführen.

Der Wissenschaftler scheint zunehmend dafür belohnt zu werden, daß er nach den Exzellenzkriterien möglichst viel veröffentlicht (*one thought – one paper*), möglichst viel Drittmittel einwirbt, möglichst viel Promotionen, Habilitationen, Preise, Mitgliedschaften in angesehenen Vereinigungen und Herausgeberbeiräten nachweist und möglichst viele Rufe erhalten hat. Diese Belohnung nach Masse statt Klasse der Universität und des Wissenschaftssystems wird zu Recht heftig diskutiert.

Der Stoff, aus dem die Belohnungen sind

Die Anwendung der Mathematik in den Wirtschaftswissenschaften funktioniert nur deshalb, weil man dort meint, es ausschließlich mit extensionalen Größen zu tun zu haben: Güter, Geld, Waren, Zeiten, Kosten etc. – sie alle sind addier-, kumulations- und untereinander verrechnungsfähig. Die monetäre Bewertung ist aber eine institutionelle, keine natürliche Tatsache, die man gleichsam physikalisch modellieren könnte.

Tatsächlich aber werden wir, wie ausgeführt, in unseren Handlungen von unterschiedlichen Belohnungssystemen bestimmt, deren Kriterien nicht unbedingt untereinander vergleichbar sind. Mengenmäßige Größen sind in Analogie zum Substratbegriff aufgebaut – für sie wird belohnt und mit ihnen wird belohnt. Wenn man schon die naturalistische Analogie weitertreiben möchte, dann könnte man diese extensionalen Größen in Anlehnung an die Physik als die sichtbare Materie bezeichnen. Die nichtmonetären Belohnungen, wie sie bei der

Befriedigung oder Abwehr von Affekten vorkommen, wären dann gleichsam wie die dunkle, nicht sichtbare Materie in der Physik eine nicht faßbare Größe im »Kosmos« der Wirtschaft. Mit dieser dunklen Materie kann man in der Physik noch nicht rechnen, und ähnlich haben die Wirtschaftswissenschaftler mit der »dunklen Materie« der nichtmonetären Belohnungen bisher nicht gerechnet. Sie hat offensichtlich eine massive, steuernde Wirkung, an der sie, strikt operational gesprochen, beobachtbar sein müßte. Diese Beobachtung machen wir ja auch tagtäglich: Den *homo oeconomicus* als Idealvorstellung gibt es nicht, die auf rein monetäre Aspekte reduzierte ökonomische Rationalität ist auf der Individualbasis zumindest eine hartnäckige Illusion.

Selbst Nationen nehmen zugunsten ihrer Souveränitätserhaltung und Steigerung ihres Stolzes und ihres Identitätsgefühls unter Umständen volkswirtschaftliche Nachteile in Kauf.[4] Der Held präferiert Gewissen oder Selbstachtung vor dem ökonomischen oder hierarchischen Benefit, der Abwäger stellt die Interessen seiner Familie in den Vordergrund, der Gerissene den ökonomischen Vorteil um jeden Preis, selbst der Geizige spart, gleichgültig, was es ihn kosten möge.

So definieren wir individualpsychologisch das, was für *uns* Belohnung ist, über unser Ich, über dessen Wünsche, Triebe, Bedürfnisse und Affekte, nicht über Mengen. Belohnungen können mengenartig sein, sind es aber meist nicht.

Belohnung ist nicht nur Kompensation und Austausch, was begrifflich ein Substrat voraussetzen würde, das im Austauschprozeß gleichbleibt. Wir haben dies im fünften Kapitel kritisiert, und diesem Irrtum unterlag auch die Marxsche Mehrwerttheorie. Neben diesen Funktionen des Austauschprozesses unter gegenseitiger Vergleichbarkeit, die nur Spezialfunktionen sind, ist es wohl die Hauptfunktion der Belohnung, Beziehungen herzustellen. Diese Beziehungen sind dynamisch, daher stabilisieren sie Strukturen und verändern sie, indem sie aufbauen oder abbauen, indem sie Prozesse erzeugen und auflösen können.

Der Empfänger und seine Motive

Bei Bentham wurden Motive nur nach den Folgen bewertet, die sie hervorrufen oder hervorrufen könnten.[5] Wir würden heute eher wieder auf die Kantsche Unterscheidung zurückgreifen: Er trennt Motive als Beweggründe, die den Willen steuern, und Beweggründe, die aus der Triebstruktur, dem Begehren herrühren.[6] Affekte wären dann Beweggründe, die zu Motiven werden können, wenn dies der menschliche Verstand zuläßt.

Wenn man die Begriffe »Trieb« (resp. Instinkt) und »Motiv« um den Begriff der »Intention« ergänzt, die sich nach der Bestimmung von H. Sidgwick auf alle als sicher oder wahrscheinlich vorauszusehenden Folgen einer Handlung beziehen soll,[7] dann kann man auch hier die klassische Unterscheidung zwischen Gesinnungsethik und Folgenethik erkennen: Die Gesinnungsethik moralisiert Motive, die Folgenethik Intentionen. Triebe, Instinkte und Affekte können bei einer Folgenethik nur insofern moralisiert werden, als der Mensch zuläßt, daß sie zu Motiven werden können.[8]

Hier zeigt sich, daß bei diesen Motivationen auch Affekte aus der Liste von Baruch Spinoza eine Rolle spielen. Der amerikanische Psychologe Steven Reiss kristallisierte bei seinen Forschungen in den neunziger Jahren 16 Lebensmotive heraus, die er gleichgewichtig nebeneinanderstellte.[9] Es sind Motive wie Macht, Unabhängigkeit, Neugier, Anerkennung, Ordnung, Sparsamkeit, Ehre, Idealismus, Familie, Status, Rache, Eros, körperliche Aktivität und Ruhe. Wir nehmen an, daß beim Verfolgen solcher Motive Affekte ins Spiel kommen, die auch unsere Absichten beeinflussen oder gar erzeugen. Neben der Variabilität der Gewichtung der Motive tritt die Variabilität der Ausprägung des Verhaltens durch die Affekte. Sie modellieren in gewisser Weise die Art und Weise, wie jeder seine Lebensmotive verfolgt.

Ich behaupte nun, daß die spezifischen Belohnungssysteme, denen wir als Mitglieder in gesellschaftlichen Subsystemen wie in einer Art motivationalem Kraftfeld ausgesetzt sind, auf die Art und Weise einwirken, wie wir unsere Lebensziele verfolgen. Diese Belohnungssysteme beeinflussen sowohl die Motive als auch den Anteil der Affekte daran. Dabei sind wir meist gleichzeitig Mitglieder in verschiedenen gesellschaftlichen Subsystemen. Das macht die Sache komplizierter.

Die Motivationen sollen im folgenden nach der Liste von Steven Reiss und die Affekte, die dazugehören, zum Teil in Rekurs auf die Affekte bei Spinoza diskutiert werden. Dabei ist die autonome oder Selbstbelohnung[10] von der heteronomen Belohnung zu unterscheiden, und zu beachten sind die vier Komponenten des Belohnungsbegriffs (wer wird durch wen womit wegen was belohnt?).

Heteronome Belohnungen

Belohnungen helfen, negative Affekte abzumildern, positive zu bedienen. Deshalb richtet man sich nach Belohnungen aus, die diese Funktionen innerhalb eines überschaubaren Zeitraums auch erfüllen sollen. Belohnungen werden erwartet aufgrund von Motivationen und aufgrund der Einschätzung von konkreten Situationen. Diese Belohnungserwartungen steuern unser Verhalten und modifizieren die Belohnungssysteme wiederum selbst.[11]

Wenn der ehemalige US-Außenminister Henry Kissinger zugibt, Macht sei ein Aphrodisiakum, so spricht er gleich zwei Motivkomplexe an: Macht und Eros. Ich verzichte an dieser Stelle auf die tiefenpsychologische Untersuchung der Beziehungen zwischen diesen Motivkomplexen und bleibe zunächst beim Thema Macht. Es hängt von einer ganzen Reihe von Faktoren ab – Erfahrungen, Erziehung, Charaktere etc. –, ob jemand eher das Erbringen von Dienstleistungen und die Erfüllung von Aufgaben und Pflichten als seinen anzustrebenden Lebensinhalt ansieht oder ob jemand nach Erfolg, Leistung, Führung und Einfluß und der dazugehörenden Übernahme von Verantwortung strebt. Ein solcher Mensch wird sich durch Belohnungserwartungen in dieser Richtung beeinflussen lassen. Den Affekt der Ergebenheit[12] wird man dann kaum bei ihm finden, eher Verhöhnung oder Spott[13] gegenüber dem Machtlosen. Das Auskosten des Machtgefühls erzeugt Selbsterhöhung, Selbstanerkennung, die Illusion der Selbstbedeutung bis hin zur Antwort auf Sinnfragen – der Macht wird alles andere untergeordnet. Freilich kann Macht verliehen, erworben, gehalten, aber auch verloren werden.[14] Sieht man Macht als die Fähigkeit an, Zustimmung anderer zu organisieren, auch gegen deren anfänglichen Willen,[15] grenzt man also Macht von Gewalt eindeutig ab, dann wird Macht als Belohnung immer von den anderen verliehen, indem sie zustimmen. Es ist der jeweils Situationsmächtige, der auch in der klassischen Rhetorik der Adressat jeden Appells auf Zustimmung ist. Gewiß kann Macht auch verliehen werden durch den Machthaber, der sie dann – wenn auch nicht allzu sehr – teilt, durch Geburt,[16] durch Vorgesetzte, durch das Parlament usw. Jemanden mit Macht zu belohnen, kann nützlich oder gefährlich sein für den, der die Macht mit dem Belohnten teilt oder sie ihm verleiht. Wer Macht für sich als Belohnung anstrebt, hat in der Regel schon eine gewisse Machtausstattung und will mehr. Damit Macht als Belohnung empfunden wird, muß sie demnach in einem Machtzuwachs bestehen – wieder ist es der Unterschied, der entscheidet. Wofür man mit Macht belohnt wird, ist ebenfalls Gemeingut: für machtkonformes und machtschlüssiges Verhalten, für Stabilisierungsleistungen und – mit Blick auf Machiavelli – durch Eroberungsleistungen, denen bald aber, wie oben bereits angedeutet, die Kunst der Organisation von Zustimmung folgen muß, sonst bleibt die Macht nicht lange in den Händen des Eroberers.[17] Das Gefühl, Macht auszukosten, gleichgültig ob im Fern- oder Nahhorizont sozialer Wahrnehmung, führt aber nicht nur zu einer gewissen Selbsterhöhung, Selbstanerkennung, sondern auch – nach längerer Zeit – zum Verlust sozialer Wahrnehmung. Wenn Rache, Intrige, Hohn und Zynismus als äußere Zeichen eines sich verselbständigenden Machtgefühls auftreten, ist es bis zum Zerfall der Macht nicht mehr weit.

Es gibt Menschen, die Befehle und Anweisungen lieben, weil sie diese für sich als entlastend, verantwortungsbefreiend und vereinfachend empfinden. Es gibt Menschen, die nach einer gewissen Autarkie streben und autonom sein wollen,[18] eine gewisse Freiheit brauchen und ihr Tun, Lassen und Denken nur bedingt nach dem Tun, Lassen und Denken anderer gestalten wollen. Wer in diesem Sinne unabhängig sein will, der muß negative Affekte zurückdrängen: Er darf nicht sein Unvermögen und seine Schwäche mit Unlust betrachten[19] oder sich mit Zweifeln plagen, für die kein Anlaß besteht.[20] Er sollte Reue über Taten aus eigenem Entschluß,[21] Gewissensbisse über Unerwartetes[22] in

Grenzen halten und aus Unlust keine geringere Meinung von sich haben, als recht ist.[23] Vielmehr sind Selbstzufriedenheit, Zuversicht, Sorglosigkeit und auch etwas Stolz angesagt.[24] Der Wunsch nach Reisen, Entfernung, zeitweise Einsamkeit, nach Zeitsouveränität und Tätigkeitssouveränität sind Symptome für einen nach Unabhängigkeit strebenden Menschen. Kann man mit Unabhängigkeit belohnen? Sicher – der Stipendienempfänger, der Empfänger eines entsprechenden Preises erhält die Freiheit, wenigstens auf Zeit etwas vollständig von ihm selbst Bestimmtes zu tun. Der Stoff, aus dem diese Belohnungen sind, ist für kreative Menschen höchst attraktiv. Arbeitgeber, Sponsoren, Donatoren, Ermöglicher aller Art gewähren eine solche Belohnung nur selten – und wenn, ist sie mit der Erwartung verknüpft, daß der zu belohnenden Leistung eine noch größere folgen möge. Diese Erwartungen sind oft der Keim des Mißerfolgs.

Wissenschaftler, Dichter, Journalisten und viele andere sind neugierige Leute. Für sie spielt Wissen eine große Rolle. Das Motiv der Neugier, das sich im Streben nach Wissen, Wahrheit, und Erkenntnissen manifestiert, kann sich als pure Lust erweisen, aber auch als Begierde im Sinn der Gier auf das Neue.[25] Wir könnten Neugierde auch als Vorfreude auf Erkenntnis ansehen, sofern wir es mit Menschen zu tun haben, die durch Erkenntnisse befriedigt werden. Die Wissenschaft als Institution und damit als Belohner hat eine Reihe von Belohnungen für das Finden neuer Erkenntnisse entwickelt, die schönste ist jedoch die Lust an neuer Erkenntnis als Selbstbelohnung und die von den wissenschaftlichen Institutionen gegebenen Möglichkeit, zu forschen und damit noch neuere Erkenntnisse zu finden. Ähnliches gilt für den Literaturbetrieb: Schriftsteller werden dadurch belohnt, daß sie in Ruhe das nächste Buch schreiben können.

Doch Forschungs- und Gestaltungseifer kann blind machen – und wird dann gefährlich, wenn er auch noch belohnt wird. Robert J. Oppenheimer nannte die Atombombe »technologically sweet«.[26] Ähnliches kennen wir aktuell aus der Gentechnologie, der Stammzellenforschung oder der Fortpflanzungsmedizin. Den Effekt, wonach die Erwartung einer Belohnung von außen (z. B. eine Stelle an einer Universität zu bekommen) die intrinsische Motivation korrumpiert,[27] gibt es in diesem fast selbstreferentiellen Belohnungssystem auf den ersten Blick nicht: In der wissenschaftlichen Erkenntnis gibt es zunächst einmal kein »Zuviel des Guten«.

Anerkennung

»Das Selbstbewußtsein ist an und für sich, indem, und dadurch, daß es für ein Anderes an und für sich ist; d. h., es ist nur als ein Anerkanntes.«[28] Diese Hegelsche Einsicht erscheint nun schon fast als ein Gemeinplatz, aber sie illustriert die zentrale Bedeutung der Anerkennung für Belohnungssysteme. Wir wollen wissen, was die anderen von uns denken, ob wir akzeptiert werden, ob unsere Vorstellung der eigenen Rolle in einer Gemeinschaft auch der Sicht der anderen auf uns entspricht, und wir bauen unser Selbstbild, bei allem Wunsch nach Autonomie, durch unsere Erfahrungen mit den anderen, der Zustimmung oder Mißbilligung, auf. Daß dieses Selbstbild positiv sein soll, wünschen wir uns, und so streben wir nach Anerkennung. Denn die stärkste Wirkung jeglicher Belohnung hängt von dem Anteil ab, den sie an Anerkennung enthält. Geld kann Anerkennung bedeuten, aber auch Mißachtung, wenn für eine Selbstverständlichkeit oder eine Pflichterfüllung Geld angeboten wird. So belohnen und bestrafen wir die anderen mit den ungefilterten Affekten der Bewunderung und Verachtung.[29] Wir bringen Bewunderung nicht nur den Leistungen eines Menschen, sondern auch dem Menschen selbst entgegen. Dasselbe gilt analog in negativer Weise für die Verachtung.[30] Was tun wir nicht alles, um Achtung zu gewinnen und Verachtung zu vermeiden, der Unterschätzung entgegenzuwirken und die Überschätzung nicht deutlich werden zu lassen? Diese Währung muß aber gedeckt sein. Wie peinlich sind die Pseudoehrungen, das Zurschaustellen von Äußerlichkeiten, die Anerkennung signalisieren sollen, ohne daß die Anerkennung wirklich da wäre.

Keine Institution kommt ohne Anerkennungsrituale aus. Mitarbeiter drücken ihre gegenseitige Anerkennung im Umgang miteinander aus, Vorgesetzte, Firmen, Arbeitgeber, Vereine, Verbände, Vereinigungen, Parteien, Behörden etc. – alle haben sie vielfältige Formen der Anerkennung entwickelt. Meßbare Leistungen wie z. B. die Erhöhung der Verkaufszahlen oder der Vertragsabschlüsse werden zumeist mit Lob oder mit Sachleistungen, mit kleinen Geschenken, mit Prämien, Erhöhung der Entlohnung, mit Beförderung oder Auszeichnungsritualen belohnt. Andere, nicht so leicht meßbare Leistungen wie Risikobereitschaft oder formale Verantwortungsübernahme werden zuweilen mit öffentlichem Lob honoriert oder mit Boni. Daß diese in der Regel in höheren Führungspositionen vertraglich festgelegt werden und ein Recht auf Auszahlung auch bei eklatanter Nichterfüllung der Erwartungen besteht, irritiert immer wieder und läßt vergessen, daß Boni keine Belohnung für bereits abgegoltene Leistungen, sondern Motivation und Mittel zum Anreiz für das hoffentlich erfolgreiche Eingehen von Risiken darstellen. Freilich gibt es auch den zurückhaltenden Mitarbeiter im Betrieb, der hochwertige Arbeit leistet, die Aufmerksamkeit hierfür scheut und sich eher mit Selbstanerkennung begnügt. Diese Selbstanerkennung ist in vielen Bereichen sogar konstitutiv: Gerade im traditionellen Handwerk empfinden es viele als Befriedigung und damit auch als Selbstbelohnung, ihre Arbeit genau, pünktlich, präzise und detailbewußt durchzuführen. Der Handwerkerstolz ist eine mitteleuropäische, vielleicht sogar spezifisch deutsche kulturelle Ausprägung eines Selbstbelohnungssystems, von dem Wirtschaft und Gesellschaft in gleicher Weise profitieren.

Eng mit der Anerkennung ist ihre besondere Form, die Ehre, verknüpft. Der traditionelle Ehrbegriff ist mit dem Kollektiv verbunden – wird die Familie entehrt, entehrt dies alle Mitglieder, wird das Mitglied geehrt, erfährt die Familie die Ehre.[31] Was Ehre ist, wird kulturell unterschiedlich gesehen, aber wenn auf Ehre gepocht wird, sind Prinzipien mit im Spiel. Man könnte Ehre bei allen Unterschiedlichkeiten als gelungene Verbindung von Loyalität der zustimmenden Gemeinschaft und der eigenen moralischen und charakterlichen Integrität ansehen. Der Ehrgeizige, der auf Ehre aus ist, erfährt Scham oder Blamage, wenn er sein Ziel nicht erreicht, er hat Sehnsucht[32] nach Anerkennung, und er wetteifert oder eifert nach, um die Ehre zu gewinnen. Ehre ist der Zustand der gewonnenen und dauerhaften Anerkennung. Sie ist nicht unbedingt ein Garant für Selbstachtung und Selbstgewißheit. Der Geehrte empfängt von einer Instanz, z. B. einem Komitee, einer Redaktion, einer Institution, einer Behörde, die sich oft als Vertretung eines Auditoriums, einer Leserschaft oder der Zuschauer verstehen, seine Belohnung: Beifall, Zustimmung, Preise, Plaketten, Medaillen, Orden und Ehrenzeichen, Zugehörigkeit zu einem erlauchten Kreis, Veranstaltungen als Akte des Gedächtnisses meist für längerfristige Leistungen wie das Lebenswerk, für eine gewisse Haltung, manchmal auch für einmalige herausragende Taten. Die Ehre kann sich auch in einem akademischen Grad oder einer Position (Ehrenvorsitzender) niederschlagen. Als Belohnung wird eher die Differenz, d. h. der Zuwachs an Ehre, empfunden, weniger der Umstand, daß man sich schon im Zustand des Geehrten befindet. Sich selbst kann man schlecht ehren.

Berüchtigt und hinlänglich bekannt sind Statussymbole. Sie signalisieren, daß derjenige, der sie besitzt oder sich damit schmückt oder – mehr oder weniger freiwillig – damit umgeht, einen gewissen gesellschaftlichen Stand anzeigen möchte – daher können Statussymbole im falschen Kontext auch weniger prestigeträchtig oder sogar prestigevermindernd wirken. Statussymbole als Selbstbelohnung haben etwas hilflos Lächerliches an sich.

Status ist die integrale Größe aus Prestige, Reichtum, Titel und öffentlicher Aufmerksamkeit, der angestrebt wird, um erkennbar anders als die anderen zu sein. Dieser Status kann schnell zerfallen, da die Größen Prestige und öffentliche Aufmerksamkeit, ja selbst der Ruhm, sehr flüchtig sein können. Prestigefördernde Statussymbole kann man sich zulegen, kaufen oder als künftige Belohnung erhoffen – Dienstwagen, großes Büro, ein delegationsfähiges Umfeld, Dienst- oder Geschäftsreisen in der 1. Klasse bis hin zur Zierleiste am Schreibtisch. Solche Statussymbole werden meist durch Firmen oder Behörden aufgrund von Positionen verliehen – das Protokoll und die Hierarchie unter Managern und Politikern sprechen hier eine klare Sprache. Es gibt freilich auch ein außerhalb dieser Hierarchie liegendes Statussymbol, das ebenfalls als Belohnung fungieren kann: Es ist die Mitgliedschaft in exklusiven Gemeinschaften, die das Gefühl vermittelt, zu einer *upper class* zu gehören. Bei wissenschaftlichen Akademien, Mitgliedern eines Vorstandes oder Aussichtsrats einer großen Firma kann man diese Mitgliedschaft nicht mehr kaufen, sondern sie wird Teil eines gesellschaftlich ausgeklügelten Belohnungssystems. Damit sind mehr oder weniger gewisse Privilegien verbunden, aber auch Luxus, Glamour und Events. Dasselbe gilt auch für die Kaste des höheren Managements: Ist man einmal dabei, kann einem materiell so schnell nichts mehr geschehen. Hinein kommt man durch die Integration vieler Faktoren, die zum Teil auch aus belohnenswerten Leistungen bestehen mögen wie wirtschaftlicher oder unternehmerischer Erfolg, fachliche Leistungen, Publicity. Zu den Faktoren zählen aber auch Umstände, die einem aufgeklärten Menschen als nicht notwendigerweise belohnenswert erscheinen müssen: adlige Herkunft, ererbter Reichtum, Ruhm von Geburt an durch einen großen Namen.

Man sieht am Zustandekommen des Status, daß es höherstufige Belohnungsketten gibt: Man wird in der Mediengesellschaft für ostentativen Reichtum durch Status und gewisse Anerkennung belohnt, aber der Reichtum selbst kann, muß nicht, eine Entlohnung für Fleiß und Leistung gewesen sein. Er kann auch aus dem Fleiß der Vorfahren, aus der skrupellosen Ausbeutung wirtschaftlich Schwächerer durch diese Vorfahren oder aus dessen fragwürdigen Geschäften herrühren …

It's my baby

Zu den heteronomen Belohnungen, die schon einen Übergang zur autonomen Belohnung zeigen, gehört die Erfüllung eines Lebensmotivs, das auf der Liste von Steven Reiss ebenfalls prominent vertreten ist: das Streben nach Familienleben, Nachkommen und danach, die eigenen Kinder zu erziehen.

Bei Spinoza findet sich keine explizite Entsprechung zu einer affektiven Ausprägung, es spielen jedoch einige Affekte hinein, die zum Motiv der Beziehung wie Idealismus, Ordnung und Anerkennung gehören. In den Umkreis gehören die Werte wie Aufgehobensein, Halt, Wärme, Geborgenheit, finanzielle Sicherheit oder auch emotionale Stabilität. Sie stellen in gewisser Weise eine Belohnung für familienförderliches Verhalten, Gemeinschaftssinn, Pflichterfüllung dar, aber auch für Verzicht auf unmittelbare Befriedigungen mannigfacher Art. Ein geglücktes Familienleben ist aber nicht nur der Lohn, den die Familie dem sich entsprechend bemühenden und verhaltenden Individuum gewährt, sondern kann durchaus auch als autonome Belohnung aufgefaßt werden und eine erhebliche Motivations- und Steuerwirkung haben. Auch ist der Stolz auf die eigenen Kinder, die allen Anzeichen nach ihr Leben positiv zu bewältigen beginnen, eine zusätzliche Belohnung, die nicht von den Kindern gewährt wird, sondern die sich die Eltern selbst gewähren.

Mit den Nachkommen ist es freilich so eine Sache – Stolz hat ja einen Adressaten, und dieser Adressat ist derjenige, von dem man Anerkennung heischt und selbstverständlich erhält. Denn Stolz kann sich in einer anerkennungsarmen Umgebung schlecht entwickeln und trotzdem vorhanden sein. Insofern gehört Stolz zu den Affekten, deren Erfüllung im Bereich zwischen der heteronomen und autonomen Belohnung liegen. Anerkennung kann aber auch darauf beruhen, daß man sich etwas zuschreibt, wofür man nicht viel kann, und trotzdem für das Zugeschriebene geachtet wird. Es ist der in vielen Kulturen überdominante Stolz der Väter auf die Söhne, der zum Teil wilde Blüten treibt und in der Tat früher auch einen, wenn auch von uns heute nicht mehr akzeptierten, militärischen und ökonomischen Hintergrund hatte: Für das Überleben des Stammes war die Zahl der verfügbaren arbeits- und kampffähigen Männer entscheidend, und dem wurde mit allerlei Machenschaften nachgeholfen.

Der Stolz auf wohlgeratene Kinder als Ausweis eigener Leistung spiegelt sich in der befremdenden Sprechweise vieler männlicher Ingenieure wieder, daß eine Entwicklung, eine Erfindung, ein Produkt »sein Kind« sei – »It's my baby ...«. Der Stolz auf die Leistung, das Gefühl, mit dem sich der Leistende belohnt, ist nicht nur eine Metapher. Die Hervorbringungen werden mit der Geburt verglichen – was Sokrates bei dem mühseligen Hervorbringen eines Gedankens ja auch tat, indem er die Philosophie, die dieses leistet, Hebammenkunst nannte.[33] Der Ingenieur als Gebärender – eine Seitenvariante des Belohnungssystems, die sich psychologisch als höchst wirksame Motivation erweist: Kreative Männer und Frauen belohnen sich durch ihre eigenen Schöpfungen.[34] Nun ist allerdings die Technik, und gerade ihre Entwicklung und Gestaltung einschließlich der Produktionsweisen und Vertriebsideologie, bisher immer noch eine ziemliche Männerdomäne – Untersuchungen bestätigen dies immer wieder, und der Mangel an Ingenieurinnen wird heftig diskutiert.[35]

Autonome Belohnungen

Lassen wir uns von einem Lebensmotiv anregen, der Liebe zur Ordnung als einem Streben nach Stabilität, Übersichtlichkeit, Kontrolle und transparenten organisatorischen Strukturen. Dahinter sind Affekte wie Scheu, Furcht und Ängstlichkeit zu vermuten.[36] Man kann einen vorsichtigen Menschen damit belohnen, indem ihm der Situationsmächtige für seine Bemühungen verläßliche Vorgaben, Rahmenordnungen und Arbeitssituationen bietet, die ihn entängstigen und bei Problemen unheroische Lösungen möglich machen. Meist wird der Betroffene aber solche Situationen suchen oder anstreben, ja vielleicht mit großer Mühe selbst herbeizuführen versuchen. Zuweilen läßt sich beobachten, daß Personen das Erreichen des Beamtenstatus als eine gerechte Belohnung für vorherige Mühen ansehen und dieser Status mit der Charakteristik des Überschaubaren und Ordentlichen konnotiert wird. Entsprechend werden sie sich dann verhalten.

Womit belohnt man einen Sparer? Mit einer Gabe, die das Guthaben des Sparers vermehrt beziehungsweise seine Ausgaben mindert. Sparen ist nicht nur im monetären Bereich eine häufig anzutreffende Attitüde, sondern bei allem, was Besitz bedeutet: Zurückhaltung der Aufwendungen, Akkumulation des Erreichten. Der Habsüchtige, eine etwas aus dem Ruder gelaufene Variante des Sparers, pflegt nach Spinoza die unmäßige Begierde und Liebe zu Reichtümern, er ist geradezu sehnsüchtig danach.[37] Was kann man nicht alles akkumulieren – Einkommen, Besitz, Kapital, nicht zerfallende Güter, Rohstoffe, Ländereien, Gebäude, Gemälde, Bücher, Telephone, Autogramme, Nippes etc. etc.[38] Diese Akkumulation hat neben der vielleicht evolutionstheoretischen Bedeutung von »Vorräte anlegen« alle Kennzeichen pathologischer Selbstbelohnung.

Bleibt zu fragen: Wofür? Für rastlosen Fleiß? Für Leistungen, die andere nicht anerkennen? Manifestiert sich da der Versuch, sich selbst zu beweisen, daß man durch glückliche Hand Reichtum geschaffen hat und – calvinistisch denkend – darin ein Anzeichen dafür sehen darf, der göttlichen Gnadenwahl teilhaftig geworden zu sein?[39] Säkularisierte Varianten dieses Gedankens kann man leicht durchspielen.

Dies wäre nur der erste Schritt. Ein zweiter zwingt den Calvinisten, da er das Leben ja nicht genießen darf, das gesammelte Geld nicht für die eigenen Zwecke oder das eigene Wohlleben zu verwenden, sondern es in neue wirtschaftliche Unternehmungen zu stecken. Der Investor wird geboren. Er selbst belohnt sich also nicht durch Akkumulation, sondern durch Weitergabe seines Reichtums an den Wirtschaftskreislauf, durch Altruismus, Familie und Ordnung, durch das geglückte Zusammenfallen von Pflicht und Neigung und das Bewußtsein, wirtschaftlich erfolgreich zu sein und trotzdem ein bescheidenes Leben zu führen.[40]

Das Streben nach sozialer Gerechtigkeit und Fairneß, das nach Steven Reiss ein häufig genanntes Lebensmotiv ist, müßte eine belohnenswerte Haltung für eine Gemeinschaft darstellen, in der Fairneß einen Wert des Zusammenlebens darstellt. Um dies zu wollen, muß man Dankbarkeit,[41] Wohlwollen[42] und möglicherweise auch Zorn[43] gegen Ungerechtigkeit als Affekte zulassen. Womit aber kann man den Idealisten, den Altruisten, den gemeinnützigen Verein, die Helferinitiative belohnen? Mit Anerkennung, am besten aber mit der tatkräftigen Unterstützung ihrer Initiative, also indem sich der Belohnende dem Altruismus des Belohnten anschließt. Das ist der Ausgangspunkt für den moralischen Druck, der von manchen Gruppen, Bewegungen und Initiativen ausgeht. Daß sich dabei viele »berufen« fühlen, hat wieder etwas mit dem Moment der Selbstbelohnung zu tun: Es ist nicht nur die In-group-Anerkennung, es ist die Selbstachtung und Selbstdefinition, die sich dabei erfüllt und die als Belohnung erfahren wird.

Das Motiv der Rache kommt bei Spinoza direkt als Affekt vor: »Rachsucht ist die Begierde, durch welche wir aus Gegenhaß angetrieben werden, dem Böses zuzufügen, der uns aus Haß Böses zugefügt hat.«[44] Diese Selbstbelohnung liegt dem Kompensations- und Ausgleichsgedanken am nächsten. Primär ist hier die

Vergeltung, d. h. es geht um das Herbeiführen eines vergleichbaren Schadens beim Täter für die Tat, den Schaden, das Unrecht oder für die Schande und damit um die Wiederherstellung oder den Ausgleich des alten Zustandes für die Opfer, die Entrechteten, die entehrte Sippe usw. Am wichtigsten scheint dabei die Wiederherstellung eines Gerechtigkeitsgefühls zu sein, die Genugtuung.[45] Mit der Erfüllung von Affekten wie Grausamkeit oder Wut auf[46] wird der Ausgleichsgedanke überstiegen.

Letztlich ist die Todesstrafe mit dem Rachegedanken eng verbunden. Neben der angeblichen abschreckenden Wirkung und dem Gedanken, die Gemeinschaft vor solchen Delinquenten endgültig schützen zu müssen, erscheint gerade in religiösen, aber auch in philosophischen Begründungen die dem Rachegedanken naheliegende Vorstellung des Ausgleichs.[47]

Ich habe die Erfüllung des Affektes »Rache« zu den autonomen Belohnungen gezählt, weil es keine Instanz außer uns selbst gibt, die diesen Affekt tatsächlich erfüllen könnte. Auch beim Rächer, der das Unrecht Dritter auf seine Weise auszugleichen versucht, erfüllt nicht so sehr die Genugtuung, sondern mehr das Wahrnehmen der Rache selbst, d. h. ihr Vollzug, durch den Geschädigten oder durch andere, den Affekt und verschafft dadurch die Belohnung.

Etwas schwieriger scheint die Einordnung des Lebensmotivs des Eros zu sein.[48] Wenn dieses Lebensmotiv etwas über die Orientierung des Menschen aussagt, dann kann man sich auch die Erfüllung erotischer Wünsche als Selbstbelohnung vorstellen. Traditionellerweise ist Eros schon seit Platon weit mehr als Sexualität, er ist die im begehrten Anderen aufscheinende Schönheit.[49]

Von der platonischen Liebe angefangen, sind im Lauf der Auseinandersetzungen um Erklärung, Moralisierung, Verherrlichung und Verdammnis der Sexualität, über bezahlte Liebe, ausgebeutete Gefühle und instrumentalisierte Ästhetik immer wieder Vorstellungen aufgetaucht, wonach die Erfüllung des Geschlechtstriebes wenig für Belohnungen tauge, da der Trieb sich ohnehin Bahn verschaffe.[50] Gleichwohl tauchen Sexualität und Eros als Belohnung durchaus auch im religiösen Kontext auf: so beispielsweise mit dem Bild der Jungfrauen, die im Paradies auf den islamischen Glaubenskämpfer warten,[51] dem im irdischen Leben eine strikte Disziplin in diesen Dingen auferlegt wird.

Die Konnotation zur Schönheit ist in der abendländischen Sublimierungsgeschichte unübersehbar – entsprechend entwikkelt sich in der abendländischen Philosophie eine eigene philosophische Disziplin – die Ästhetik, aber – im Gegensatz zur Moraltheologie – kein umfangreiches Schrifttum zum Thema Erotik und Sexualität.

Die Begierde nach dem Schönen, die bei Platons Eros durchscheint,[52] wenn man vom bloßen Trieb abstrahiert, kann durchaus eine Lebensmotivation sein – auch wenn sie von Psychologen wie Steven Reiss nicht aufgeführt wird. Muße könnte man als das vom Zweck befreite, geistige Interesse bezeichnen. Kant sprach vom »… interesselosen Wohlgefallen«.[53] In beiden Umschreibungen klingt die Rücknahme des Instrumentalen an – das Schöne ist nicht für irgend etwas da. Da gibt es nichts auszugleichen oder zu kompensieren – und dennoch kann man sich selbst mit dem Schönen belohnen. Das ist nicht zu verwechseln mit dem ästhetischen Genuß, den ein Konzert, ein Bild, eine Inszenierung, Poesie und Literatur, ja selbst eine elegante Theorie zu schenken vermag und den man sich kaufen kann, indem man Konzerte, Ausstellungen, Theater besucht, Bücher kauft *und* liest. Auch damit kann man andere und sich selbst belohnen. Es geht vielmehr um das Streben nach dem Schönen selbst, das sich in diesen Aktivitäten ausdrückt, aber nicht mit ihnen identisch ist. Dabei spielt die Sehnsucht als Affekt eine Rolle,[54] Voraussetzung für diese Sehnsucht aber ist die Bewunderung, die dem Gegenstand der Sehnsucht einen einzigartigen Status gibt: Es ist »die Vorstellung eines Dinges, in welcher der Geist deshalb versunken bleibt, weil diese besondere Vorstellung keine Verbindung mit den sonstigen Vorstellungen hat.«[55] Die Erfüllung dieses Affekts ist als Belohnung mit keiner anderen zu verrechnen. Werner Heisenberg hat gesagt, daß er, falls er wählen könnte, der Theorie, die im obigen Sinne schöner ist, vor einer anderen, wissenschaftlich gleichwertigen, den Vorzug geben würde: »… ich muß zugeben, daß für mich von der Einfachheit und Schönheit des mathematischen Schemas, das uns hier von der Natur suggeriert worden ist, eine ganz große Überzeugungskraft ausgeht.«[56] Auch hier ist die Selbstbelohnung evident, die sich der Wissenschaftler erlaubt – hat er doch mit dem Augenblick des *heureka* sich den besten Lohn selbst bereitet.

Die Schönheit einer Theorie hat eine ausgesprochene Attraktion für Wissenschaftler, und sie kann, gerade in den nichtpositiven Wissenschaften, z. B. den eher normativen Disziplinen wie den Wirtschaftswissenschaften, verheerend werden. Gerade da hat man so schöne Theorien – es fehlen nur noch die realen Probleme, die man damit lösen könnte …

In der Sehnsucht nach Schönheit ist auch die Sehnsucht nach Vollkommenheit zu sehen. Nochmals Spinoza: »Lust ist Übergang des Menschen von geringerer zu größerer Vollkommenheit. (Lust ist selbst nicht Vollkommenheit.)«[57] Wenn wir uns also mit der Erfüllung von positiven Affekten belohnen, dann ist schon die Möglichkeit, nach Vollkommenheit streben zu dürfen, eine Belohnung. So jedenfalls haben es viele Künstler, Philosophen und Wissenschaftler gesehen.

9 Falsch eingestellt

Gesellschaftliche »Subsysteme« haben ihre eigenen Belohnungssysteme

Im folgenden sollen die unterschiedlich codierten Teilbereiche der Gesellschaft, ihre Subsysteme, selbst in Augenschein genommen werden, nicht nur die spezifischen Belohnungssysteme, die in ihnen praktiziert werden. Unter einem gesellschaftlichen Subsystem verstehe ich die Beschreibung eines Teilbereichs der Gesellschaft unter gewissen, frei von uns gewählten und interessierenden Aspekten. Die Abgrenzung zu anderen Subsystemen läßt sich anhand der identifizierbaren unterschiedlichen Ziele und gewählten Funktionen vornehmen, also auch nach den Codes, unter denen die in diesen Subsystemen handelnden Individuen oder Gruppen Entscheidungen fällen und Ziele definieren.

Man kann viele Regeln, wonach Subsysteme wie Wirtschaft, Wissenschaft, technische Entwicklung, Politik, Recht, Medien, Kunst und Kulturbetrieb, Religion, Gesundheitswesen, Bildung und Erziehung oder das Militär sich selbst stabilisieren und funktionieren, sehr gut über die in ihnen obwaltenden Belohnungssysteme verstehen. Allerdings funktionieren diese Subsysteme gerade zum Teil wegen der darin falsch angelegten Belohnungssysteme nicht so, wie man sich dies wünschen würde.

Belohnungssysteme lassen sich auch charakterisieren nach einem Sockel – dem, was man regulär erwarten kann – und der zugewiesenen oder zugewonnenen Differenz. Als »Bestrafung« wird dann ein Weniger an sozialem Status, an Besitz (Entreicherung) oder an Aufmerksamkeit empfunden. Nimmt man Werte wie Aufgehobensein, Zuneigung, Freundschaft, Eros, Ruhm,

Ehre, Anerkennung, Selbstachtung oder gar Geld, dann können autonome wie heteronome Belohnungen alles das sein, was unsere Affekte positiv befriedigt. Diese hängen aber von der jeweiligen Situation und der jeweiligen motivationalen Struktur ab. Was dem einen als Belohnung erscheint, mag dem anderen ein Hohn, eine Beleidigung oder eine Selbstverständlichkeit sein.

Aber nicht nur die Individuen befinden sich in unterschiedlichen Situationen, sondern auch die Gruppen, die sich verschiedene Organisationsformen, ausgerichtet nach den Zwecken ihrer Zusammenarbeit, gegeben haben und die historisch gewachsen sind. In Gruppen werden daher gemeinsame Vorstellungen entwickelt, wer für was mit welchem Vorteil durch wen belohnt werden kann und darf. Dies ist in empfindlicher Weise davon abhängig, welche Ziele eine solche Gruppe verfolgt und welche Werte und Maßstäbe für das Handeln und Bewerten beim Umgang miteinander vorherrschen. Der Wissenschaftsforscher Klaus Fischer nennt dies sehr allgemein einen Code, den eine Gruppe hat. Wir unterscheiden in modifizierender Anlehnung an Fischer zwischen einem systemischen Code, der für die Gruppe und ihre Ziele charakteristisch ist, und einem funktionalen Code, der bestimmt, welches das knappste Gut angesichts der Ziele ist, sowie dem symbolischen Code, der die Normen, die durch die Werte und Maßstäbe ausgedrückt werden, symbolisiert.[1]

Wenn wir die Subsysteme nach dem jeweils knappsten Gut funktional charakterisieren, dann haben wir den Vorteil, daß uns diese Kategorisierung den Anschluß an die Belohnungssysteme erlaubt: Ich sagte, daß Belohnungen in Abhängigkeit von der Motivationsstruktur Affekte erfüllen. Die Motivationsstruktur ist aber abhängig von der Zugehörigkeit zu einem Subsystem, da dieses durch Ziele und Funktionen bestimmt ist. Damit kann fast deckungsgleich zwischen Subsystemen auch nach den

Belohnungssystemen, die in ihnen herrschen, charakteristisch unterschieden werden.

Die Codes der unterschiedlichen Gruppen und Subsysteme sind, wie soziologische Untersuchungen nahelegen, vielfach inkommensurabel untereinander, aber auch die Belohnungssysteme sind – so steht zu vermuten – oftmals inkommensurabel untereinander.

Wirtschaft

In der Ökonomie kann als zentrales, aber knappes Gut, das durch Leistung, Güter und Arbeit gedeckt wird, das erwirtschaftete Kapital auf der einen Seite und die Investitionsmöglichkeit vermöge dieses Kapitals auf der anderen Seite angesehen werden. Die spezifische Aufgabe des Subsystems Wirtschaft ist die Versorgung mit Gütern und Dienstleistungen und eine Mehrung des Reichtums und Wohlstands aller Beteiligten. Gleichzeitig ist die Ökonomie aber auch für die Verteilungsmodalitäten verantwortlich und hängt damit an Vorgaben der Politik, sofern sie diese Vorgaben nicht selbst setzt oder der Politik oktroyiert. Gegenstand systematischer Überlegungen (in den Wirtschaftswissenschaften) ist die Frage, wie man wirtschaften sollte oder könnte, ferner die Frage nach der effektivsten Produktionsweise für ein knappes Gut und deren Einsatz bei vorgegebenen Randbedingungen. Zuweilen wird auch empirisch erforscht, wie tatsächlich gewirtschaftet wird. Die zugehörigen Codes sind bei diesem Subsystem die Akkumulation von Kapital sowie die Optimierung der Rendite des eingesetzten Kapitals. Die Wahrnehmung und Konzeptualisierung von Prozessen und Gegenständen geschieht in diesem Subsystem hauptsächlich über deren Ökonomisierbarkeit: Was nicht monetär quantifizierbar ist, erregt für die Ökonomie wie für die Ökonomik zunächst kein Interesse. Als Steuermedium wird primär der Markt angesehen, gleichwohl sind politische Randbedingungen ebenfalls Steuersysteme, wie dies auch die Belohnungssysteme in diesem Subsystem sind.

Um diese ökonomischen Belohnungssysteme besser verstehen zu können – sie werden ja auch extrem wichtig, wenn die Ökonomie andere Belohnungssysteme in anderen Subsystemen usurpiert –, greifen wir auf die beiden klassische Grundbegriffe des ökonomischen Denkens zurück:[2] die Vorstellung eines ökonomischen Gleichgewichts und das Maximierungsprinzip. Als Ordnungsvariable wird die Zeit angesehen. Beide Grundbegriffe könnte man als die eigentlichen ökonomischen Begriffe ansehen, während Begriffe wie Rationalität, Entwicklung und Evolution, Klasse oder ökonomischer Wert[3] eher metaökonomische Begriffe darstellen.

Die Grundidee des ökonomischen Gleichgewichts basiert darauf, daß bei Tauschprozessen ein Äquivalent sichtbar werden muß: Was man gibt, soll gleich dem sein, was man erhält. Hierzu benötigt man ein System als regulative Beziehung zwischen Größen. In diesem Sinn sind auch die unterschiedlichen Gerechtigkeitsbegriffe (distributive und kommutative Gerechtigkeit) zu sehen.[4]

Ein ökonomisches Gleichgewicht kann man modellieren, indem man Systeme am Rechner betrachtet, bei denen man rückkoppelnde Elemente in die Simulation einbaut. Dann erhält man die Selbstregulation, die man vorher postuliert hat. Nach Auffassung der neoliberalen Schule geschieht diese Selbstregulation in der Realität am besten durch das Unterlassen aller Eingriffe. Nach ordoliberaler Auffassung ist hierzu eine wirksame Monopolkontrolle und die Eindämmung staatlicher wie privater Wirtschaftsmacht nötig. Alle Abweichungen von einem Idealzustand, wenn in einem Markt Nachfrage und Angebot austariert sind, werden durch interne Gegenmaßnahmen, z. B. durch Preisbildung seitens der Beteiligten, nach einer gewissen Zeit ausgeregelt. Das bedeutet, daß die Störungen so weit minimiert werden, daß das System stabil bleibt, d. h., sich bei einer zugestandenen Varianz die Werte der entscheidenden Variablen innerhalb eines Intervalls bewegen.

Bereits an diesen Grundvorstellungen des ökonomischen Gleichgewichts kann man sehr deutlich ein *whisful thinking*, interessengeleitete Modellbildung und Beschreibungsversuche unterscheiden. Die Idee der Äquivalenz beim Tausch setzt ja eine gewisse Vorstellung von einem Substrat voraus, d. h. daß etwas beim Tausch erhalten bleiben müsse, was über den Tauchprozeß hinweg andauert und sowohl *vorher* als auch *nachher* festgestellt werden kann. Wir treffen hier wieder den Kompensationsgedanken an.[5] Das Nachfrage-Angebot-Muster soll die Preise regeln und damit das, was man zu zahlen bereit sein muß, damit ein Tauschprozeß stattfinden kann. Dies ersetzt in gewisser Weise das Äquivalenzdenken und wird Ausdruck von Macht-, Besitz-, und Herrschaftsverhältnissen. Monopole bilden sich schnell. Als Remedium verspricht man sich die Einführung der selbstheilenden Kräfte des Marktes als Quasisubjekt der Wirtschaftsgeschichte – die Transitionen von einem Gleichgewichtszustand zum anderen werden als Krisen gedeutet und apologetisch inszeniert.

Der zweite wichtige Begriff ist die Maximierung. Er gilt als Prinzip des systemischen Verhaltens wie des individuellen Handelns gleichermaßen, ohne daß es einer ontologischen oder erkenntnistheoretischen Begründung bedurft hätte, um das

Prinzip als regulative Vorstellung unhintergehbar in unserem Bewußtsein zu verankern. Zunächst wird angenommen, daß sowohl jedes Teilsystem als auch jedes Individuum in unserem gesellschaftlichen Subsystem versucht, von quantitativ endlichen Möglichkeiten einen meßbaren Anteil auf Kosten des andern Agenten in der gleichen Situation zu erhalten. Dies wäre das Optimum. Es bemißt sich an einschränkenden Zielen, Rand- und Anfangsbedingungen. Nun ist Maximierung weiter gehend als Optimierung – sie strebt den existierenden Extremwert einer Größe an, die das begehrte Gut repräsentiert. Ob man nun die Optimierung oder Maximierung nimmt: Beide setzen Wahlmöglichkeiten, die Autonomie des Subjekts und dessen Urteilskraft voraus. Das Dogma lautet: Jedes rationale Wirtschaftssubjekt handelt so, daß es die Befriedigung seiner Bedürfnisse, die Güter, Dienstleistungen usw., in der Weise besorgt, daß diese Befriedigung maximal ist. Die Gewinnmaximierung gilt als Triebfeder für die Effizienzsteigerung.[6] Dies mag unter bestimmten Umständen auch so sein – unter anderen Umständen wirkt dieses Prinzip verheerend: Überall da, wo Märkte nicht im Gleichgewicht sind, wo Situationen vorherrschen, die man mit unfairen Spielen modellieren kann, und wo die Schere zwischen Arm und Reich irreversibel auseinanderklafft. Das Prinzip wirkt auch da verheerend, wo öffentliche Aufgaben und Leistungen, auf die Bürger als Bürger eines Staates Anrecht haben oder die durch Menschenrechte begründet sind, privatisiert werden, wie die Versorgung mit öffentlicher Mobilität, Bildung, Gesundheitssystem, Justiz, hoheitliche und der inneren wie äußeren Sicherheit dienende Aufgaben.

Mit dem Kunstgriff, jedes Bedürfnis in einen Bedarf zu verwandeln, macht sich die Lehre von der Ökonomie anheischig, alles, aber auch alles miteinander verrechnen zu können. Man müsse nur fragen, was jemand für einen Vorteil, für die Erfüllung eines Affektes, für das Erlangen eines Gefühls oder eines erstrebenswerten persönlichen Zustands zu zahlen bereit ist. Bestechung ist in dieser Sichtweise eben keine Frage der Moral, sondern eine Frage der Höhe der gegebenen Summe einschließlich der Kosten, die mit dem Risiko der möglichen Bestrafung eines solchen Vorgehens verbunden sind. Damit werden Lust, Glücksgefühle, jegliche Bedürfnisbefriedigung, persönlicher wie gesellschaftlicher Nutzen, allgemeine und individuelle Wohlfahrt, Realeinkommen, Lebenszeit, Gewinne, Besitz und Rendite, Einfluß und Macht, ja selbst posthume Ehre käuflich, handel- und verrechenbar. Die Entmoralisierung dieser Werte durch ihre Verrechenbarkeit hat schon immer viele Kritiker des Wirtschaftslebens und vor allem der von den Wirtschaftswissenschaften propagierten »Gesetze« gestört, dennoch scheint sich dieser utilitaristische Standpunkt als »pragmatische Sichtweise« durchgesetzt zu haben.

Gleichsam auf der Metaebene wird der zentrale Code der Rationalität gehandelt. Die herkömmliche Ökonomik begreift Rationalität in ihrer dogmatischen Variante als Vermittlung von Wille und Vernunft. Sie soll es ermöglichen, eine vernünftige Auswahl der Mittel bei gewollten, frei zu setzenden Zielen zu finden. Falls sich diese Rationalität lediglich nur auf die Auswahl der Mittel beschränkt und das Ziel des Handelns vom Handeln selbst abgetrennt werden kann, wird diese Form von Rationalität gern als instrumentelle Vernunft bezeichnet,[7] an die sich lediglich die Macher und Ökonomen, nicht aber vernünftige Menschen halten würden. Werden jedoch die Ziele und mit ihnen die moralische Bewertung mit berücksichtigt, entsteht das, was bei Kant Praktische Vernunft heißt und was Aristoteles als *eupraxia*, das

Gut-Handeln, bezeichnet hat, bei dem das Ziel der Handlung in der Handlung selbst mit eingeschlossen ist. Ziel-Mittel-Relationen können leicht einer Kosten-Nutzen-Betrachtung unterworfen werden. Bei Zielen allein ist das schon weniger leicht.

Mit der von Adam Smith verwendeten Metapher der Unsichtbaren Hand[8] machte sich eine eher systemische Sichtweise breit, nach der das wirtschaftliche Geschehen nach bestimmten Systemgesetzen abläuft, die sich auch mathematisch ausdrücken lassen. Die Tendenz zum Gleichgewicht werde bewirkt, indem sich alle Akteure letztlich doch egoistisch verhielten. Der Systembegriff stellt hier eine Subsumtion von beobachtbarem Verhalten unter einer angenommenen ontologischen Struktur dar. Diese bleibt aber auch in den Wirtschaftswissenschaften lediglich eine Konjektur.[9]

Die Ontologisierung und Naturalisierung von Systemgesetzlichkeiten, wie sie vor allem durch die Adaption der Smithschen Metapher durch Samuelson vorgenommen wurde, führt zur Verwechslung von institutionellen und natürlichen Tatsachen, von Beschreibung und Wirklichkeit, kurz zu den massiven naturalistischen Fehlschlüssen, an dem die Lehre vom Wirtschaften heute noch krankt.

Und so unterschiedlich die Schulen der Wirtschaftstheorien waren und sind, so unterschiedlich sind auch die Konzeptionen der Belohnungssysteme im Subsystem Ökonomie. Diese sind wohl zu unterscheiden von den tatsächlich praktizierten Belohnungssystemen. Diese sind, jenseits der öffentlichen krisenbedingten Empörungswelle, sorgfältig empirisch zu untersuchen, und die ökonomischen Beschwörungsformeln sind in die Rumpelkammer der schlechten vorwissenschaftlichen Argumente zu befördern.

Belohnt wird in der Ökonomie nicht nur tatsächliche wirtschaftliche Leistung, sondern auch das, was zur Herstellung und Stärkung von Gewinnbedingungen führt. Belohnt wird durch den, der über den Gewinn verfügen kann, in unterschiedlicher Weise: Der Erfinder sieht meist, wie oben angedeutet, nur einen Bruchteil dessen, was ein Manager mit seiner Erfindung verdienen kann. Eher wird Herkunft,[10] Loyalität und Interessenkonformität bei den »oberen« Entlohnungs- und Belohnungsgruppen belohnt – wobei nicht gesagt sein soll, daß es auch ohne breit aufgestellte Leistung und hohe Leistungsbereitschaft ein erfolgreiches Wirtschaften gäbe. Die kriseninduzierte aktuelle Diskussion der Jahre 2007-2009 kümmert sich wegen des Erregungscharakters des Themas nur um die Spitzen der Gebirge, nicht um das Massiv..

Die Diskussion um das Subsystem Ökonomie ist infolge der Finanzkrise erneut entbrannt. Auslöser ist die Einsicht, daß das gegenwärtige System nicht nur die Herstellung und Stärkung von Gewinnbedingungen wirtschaftlichen Handelns belohnt, sondern schon die halbwegs glaubwürdige Induzierung von Gewinnerwartungen. Daß dies so kam, liegt an mehreren Faktoren der Entwicklung: Zum einen erzeugt die Wahrnehmung der zunehmenden Schere zwischen Einkommen aus Erwerbsarbeit und aus Kapital- resp. unternehmerischem Gewinn einen mentalen Druck beim durchschnittlichen Verbraucher. Wenn er sein Einkommen nicht mehr nennenswert durch Anstrengungen oder Leistungszuwächse steigern kann, versucht er, bei der Ausgabenseite Einfluß zu nehmen – Geiz wird geil. Zum andern wurde bei Geldanlagen gern verschwiegen, daß höhere Renditen immer auch höheres Risiko bedeuten. Die vielbeklagte »Gier« ist einfach die rationale Entscheidung, es auf höhere Rendite anzulegen, wenn man einmal die Wahrnehmung des Risikos und die

Fähigkeit, mit Risikowissen umzugehen, außer acht läßt. Insofern sind auch alle Kleinanleger Antreiber des Systems, nicht nur die Großaktionäre. Risikobereitschaft wird belohnt, im Schadensfalle aber wird in der Regel der Kleinanleger bestraft, nicht derjenige, der in der Lage ist, sein Risiko zu streuen, und auch nach Verlust immer noch ganz gut leben könnte.[11]

Bei Firmen und den hierfür Verantwortlichen zählen Umsatz, Shareholder-Value, Gewinn, Machterhalt und -erweiterung sowie der Ruf der Produkte und die Position am Markt zu den entscheidenden Kriterien. Die Belohnung besteht in Gewinnbeteiligung, in Boni, in Gehalt, in Abfindung, in Pensionen, in Aktienoptionen und dergleichen. Die Entscheidung fällt in der Regel der Aufsichtsrat, in dem aber durch gegenseitige Vernetzung im allgemeinen die Firmenhierarchien sich die Bälle selbst zuspielen. Die Belohner sind zugleich die Belohnten.

Die Falschjustierung liegt sowohl bei den Kriterien, für deren Erfüllung man belohnt wird – dem Belohnungstatbestand –, als auch in der Belohnung (*matter of reward*) selbst. Problematisch wird dies dann, wenn es zum alleinigen Kriterium der Motive von Individuen oder Gruppen wird, möglichst viele Belohnungen zu kassieren. Denn das bedeutet, daß aus gewohnten Belohnungen Entlohnungen ohne Bindung an den Belohnungssachverhalt werden.

Sieht man eine Firma als Institution an, die wie ein Subjekt agiert, dann sind ihre Kriterien sowohl die Minimierung der Mittel und Aufwendungen für den Bestehenszweck als auch die Fortbestandssicherung der Firma als Institution, das Wohlergehen der darin Arbeitenden sowie das Wohlergehen der Hierarchie. Die Belohnung ergibt sich dann mittelbar weitgehend über den Unternehmenserfolg.

Allerdings sind auch in vielen Unternehmen die Belohnungssysteme falsch eingerichtet. Es mag zwar betriebswirtschaftlich vorteilhaft sein, dennoch ist es mikrosoziologisch Unfug, Profitcenter einzurichten, die gegeneinander als gleichsam betriebsinterne Konkurrenz arbeiten. Durch diese Einführung entstehen viele betriebsinterne Reibungsverluste und ein erhöhter Abstimmungsaufwand, und oftmals besteht auch die Gefahr, daß sich die Zielsetzungen in den Profitcenter verselbständigen und das Gesamtziel aus den Augen gerät.[12]

Ein weitaus größerer Fehler liegt jedoch darin, die Gewinnerwartung am Geldmarkt selbst als Geld zu verkaufen, ohne daß diesem Geld tatsächlich ein Güter- oder Arbeitswert gegenüberstehen würde. Die Parole lautet: »Leihst du mir etwas, damit ich etwas bei dir kaufen kann, was du noch gar nicht herstellen kannst«. Dies führt zur Bubble-Ökonomie, unter anderem auch zu den waghalsigen *Start-up*-Unternehmen, von denen die meisten scheitern. Hier hat sich in der Finanzwirtschaft ein Belohnungssystem verselbständigt, das die Verkäufer solcher Produkte dazu getrieben hat, aufgrund umsatzorientierter Kriterien und Provisionen, die proportional zu Zahl und Höhe der Vertragsabschlüsse gezahlt wurden, immer waghalsiger und unehrlicher gegenüber ihren Kunden zu werden. Das durch Spekulation verdiente Geld, das auch in die Boni und Prämien fließt, ist von der Kaufkraft her gesehen alles andere als Spielgeld: Damit kann man Dinge kaufen, Besitztümer erwerben, Politiker bestechen und nach seinem Gusto Dienstleistungen anfordern, unabhängig davon, ob dieses Geld aus der Realwirtschaft oder der virtuellen Geldmaschine stammt. Der Umverteilung des Geldes folgt letztlich die Umverteilung der Verfügbarkeit über Güter und damit zumindest die Umverteilung der wirtschaftlichen Macht.

Die Frage danach, wie wir mit den Verlierern des Systems umgehen, hat diese Form des Wirtschaftens noch nicht beantwortet. Der letzte große und überzeugende Beantwortungsversuch stellte wohl das Konzept der sozialen Marktwirtschaft dar, das zwar oft beschworen, aber im Lauf der Globalisierung immer weniger praktiziert wird. Denn dieses System würde ein wieder funktionierendes ökonomisches Belohnungssystem voraussetzen, bei dem die Sozialbindung des Eigentums gegenüber der bedingungslosen Gewinnmaximierung Vorrang hat. Es ist nicht das »System des Kapitalismus«, das hier für alles verantwortlich gemacht werden kann: Es ist die Frage der politischen Willensbildung, wieviel Ungleichheit wir in der Belohnung von Leistung zulassen wollen. Danach müssen wir die Randbedingungen aushandeln, die sich nicht von allein einstellen. Wirtschaften ist menschliches Handeln, und Systeme sind Modelle, mit denen wir Handeln lediglich zu beschreiben versuchen. Nicht das System ist verantwortlich, *wir* sind es.

Wissenschaft

Das zentrale, aber knappe Gut für das Subsystem Wissenschaft, sowohl als Institution, als soziale Veranstaltung sowie als Corpus des gesicherten Wissens ist solches Wissen, das einen höheren Gewißheitsgrad hat als das alltägliche und alltäglich gewonnene Wissen, und zwar vermöge der methodischen Gewinnung dieses Wissens. Die Methode muß dem Gegenstand angemessen sein, und dies sichert die Kritisierbarkeit des so gewonnenen Wissens. Es ist Wissen ohne privilegierten Zugang. Die spezielle Aufgabe der Wissenschaft ist daher die Erzeugung, die Verfügbarmachung und auch die Kritik ebendieses Wissens. Das zentrale Ziel wissenschaftlicher Bemühung ist die Erkenntnis dessen, was ist. Der primäre Code ist die leitende Vorstellung des Begriffs der

Wahrheit, zumindest als regulative Idee, wenn nicht sogar – wie in den Naturwissenschaften – als ontologische Vorstellung. Theoriegeleitete Experimente, Beobachtung, Simulationen und Vorhersageversuche sowie Messung bestimmen diese Wahrnehmung, wobei jede empirische Wahrnehmung an eine immer schon vorliegende, zu testende Theorie gebunden ist.[13] Die Wissenschaft steuert sich als Institution im Normalfall über ein stark selektives Rekrutierungssystem; dazu gehören Prüfungsrituale, von der Zulassungsprüfung zum Studium bis zur Habilitation und zu Bewerbungen auf akademische Stellen. Ein ausgebautes Gutachterwesen in Publikations- und Forschungsförderungsinstitutionen, die zumindest fachöffentliche Diskussion der publizierten Ergebnisse sowie die Ächtung unwissenschaftlichen Verhaltens vervollständigen diese Steuerung.

Belohnt wird in der Wissenschaft der Erkenntniserfolg, d. h. ein wahrnehmbarer Zugewinn an Erkenntnis. Dies ist der eigentliche Forschungserfolg. Dazu gehört aber auch die Verbreitung wissenschaftlicher Erkenntnisse. Lehrbuchautoren stehen in hohem Ansehen, gerade in den Natur- und Sozialwissenschaften einschließlich der Jurisprudenz und der Wirtschaftswissenschaften. Eine hohe Publikationszahl wird als karrierefördernd angesehen; die Zuerteilung von Sachmitteln erfolgt leichter. Hier unterscheiden sich die Disziplinen: In den Kultur- und Geisteswissenschaften ist es in Europa noch immer das große Buch, das zählt, in den mehr angelsächsisch geprägten Wissenschaftskulturen zählen in diesem Bereich – wie auch in den Sozial- und Naturwissenschaften – eher die Veröffentlichungen in *peer reviewed* Journals.[14] Steuernde Wirkung schreiben numerisch verhexte Wissenschaftsorganisatoren und -manager auch dem *citation index* zu – man zählt, wie oft der Kollege zitiert wurde. Den Absprachen von Zitierkartellen ist Tür und Tor geöffnet, vor allem, wenn es auch hier wieder nur um die Masse der Zitationen geht.

Belohnt wird mit Stellenzuwächsen, mehr Sachmitteln und allgemeiner Reputation. Das Drittmittelaufkommen ist immer wichtiger geworden, nachdem sich der Staat immer mehr aus der Finanzierung der Grundlagenforschung herausgezogen hat. Dadurch erfolgt die Themenwahl eines Forschers oft nur unter dem Aspekt der bloßen Mittelakquisition. Gerade in den Bereichen, in denen die Übergänge zwischen Grundlagenforschung, angewandter Forschung und technologischer Entwicklung nicht nur praktisch, sondern auch wissenschaftstheoretisch fließend werden, haben, nach angelsächsischem Vorbild, viele Forscher eigene Firmen gegründet und belohnen sich mit lukrativen Aufträgen.

Weiterhin werden Hochschulen für eine große Anzahl von Studierenden eines Studiengangs belohnt, da es die Idee der Wissenschaftsministerien und der ihnen meist willfährigen Hochschulrektorenkonferenzen war, die Finanzierung der Hochschulen und damit auch die Forschungsbudgets von der Zahl der eingeschrieben Studierenden in der Regelstudienzeit abhängig zu machen. Der Wahnsinn hat Methode – es wird getrickst auf Teufel komm raus bei den Berechnungen. Die Forschung geht bei der gestiegenen Lehrbelastung im allgemeinen leer aus, weil das zusätzliche Geld dort gar nicht ankommt. Im Rahmen der finanziellen Autonomie der Hochschulen hat sich bei den Präsidenten und Dekanen schon längst das Mittelverteilungsmodell nach Gutsherrenart eingebürgert. Das ist sicher nicht das, was man sich unter der Professionalisierung des Hochschulmanagements vorgestellt hat. Die Hochschulgesetze sehen meist kein Budgetkontrollrecht der Gremien mehr vor, die Haushaltsverantwortung liegt beim Präsidenten und den Dekanen allein.

Damit werden plötzlich ganz andere Verhaltensweisen belohnt: Willfährigkeit gegenüber einer neuen Obrigkeit. Die zwar in Wissenschaftsthemen inkompetente, aber angenehm ferne ministerielle Administration wurde durch das Haifischbecken der Mittelverteilungskämpfe im eigenen Haus ersetzt.

Man ist von der Belohnung nicht nur des einzelnen Wissenschaftlers zur Belohnung von Institutionen übergegangen. Die Exzellenzinitiative wollte zwar mehr Wettbewerb, belohnt aber letztlich die Darstellungskünste der Institute und Universitäten aufgrund eindrucksvoller quantitativer Leistungsnachweise von Studentenzahlen, Drittmitteln, Veröffentlichungen, Promotionen etc. Aus solchen Darstellungen wird aber nicht deren wissenschaftliche Qualität ersichtlich. Um diese beurteilen zu können, hätte man sich in den vergebenden Gremien mit den Inhalten auseinandersetzen müssen.

Bereits die Komponente, was belohnt wird, ist kräftig verändert worden. Ursprünglich recht sinnvolle Modelle wie die Grundlagenfinanzierung von anwendungsorientierten Forschungsinstituten wurden unter budgetärem Druck aufgegeben. Dabei wäre es wichtig, daß gerade stark entwicklungsorientierte Institute und Forschungsgesellschaften »atmen« können und über genügend Möglichkeiten der Vorlaufforschung verfügen. Freilich ist die Orientierung am Forschungsmarkt – sofern man ihn nicht nur als Beratungsmarkt versteht – unumgänglich. Das heißt allerdings auch, daß Institute geschlossen und neue gegründet werden können. Die Schließung wird von den Betroffenen als institutionelle Bestrafung angesehen, die Beförderung einer Arbeitsgruppe, die erfolgreich bei der Einwerbung der eigenen Finanzierung war, zu einem Institut hingegen als Belohnung. Gerade die Institutionalisierung einer wissenschaftlichen Fragestellung durch die Etablierung eines Fachbereichs oder eines Instituts – manchmal nur einer Abteilung – wird von den Protagonisten als persönlicher Triumph und Belohnung angesehen und deswegen auch mit zuweilen skurrilen Zügen bevorzugt verfolgt. Dies führt gelegentlich zu Einrichtungen, die sich kurzlebiger als gedacht erweisen. Es ist nicht so sehr die monetäre Besserstellung, die den Protagonisten antreibt, sondern die Bestätigung seiner Selbsteinschätzung, nach der er die ganz wichtigen Fragen behandelt.

Die Universität und vergleichbare Institutionen haben Systeme geschaffen, um die Leistung ihrer Mitglieder zu steigern, indem sie die Budgetierung der einzelnen Untereinheiten bis herunter zu den Zulagen für einzelne Personen von der Erfüllung bestimmter Kriterien abhängig machen. Inwiefern hinter diesen Kriterien Werte stehen, ist oftmals schwer zu erkennen. Hinter dem Kriterium der Drittmittel steht das Diktat der Nützlichkeit von Forschung, hinter den Studentenzahlen und der Zahl der Abschlüsse der Wunsch nach Input-Output-Effizienz der Lernfabrik, hinter der Zahl der Promotionen die Effizienz eines Lehrstuhls, hinter der Zahl der Veröffentlichungen der Wunsch nach Kreativität. Das alles beruht auf der naiven Vermutung, daß sich auf diese Weise Anerkennung messen lasse. Diese Kriterien werden meistens zu einer gemeinsamen Formel zusammengesetzt. Die Struktur der Formel und die Gewichtung der einzelnen Kriterien kann von Universität zur Universität, von Fach zu Fach, je nach Partikularinteresse variieren. Es ist aber unübersehbar, daß diese Optimierung nach extensionalen Kriterien der Qualität Abbruch tut. Die Belohnung erfolgt meistens durch Budgeterhöhungen, bei der 2005 eingeführten neuen Besoldungsordnung für Hochschullehrer über Variationen des persönlichen Gehalts.[15]

Das Belohnungssystem an der Universität ist nicht kommensurabel mit dem Belohnungssystem der *scientific community*: Dieser Community, sofern sie im jeweiligen Fach noch intakt ist, geht es um die Qualität von Lehre, Forschung und die Bedeutung von Forschungsergebnissen. Die Relevanz, der Impaktfaktor und die Wichtigkeit eines Forschungsergebnisses sind nur im Rahmen einer *post hoc* geschriebenen Forschungsgeschichte feststellbar. Die Belohnung selbst findet über Bekanntheit und langfristige Anerkennung in Gestalt eines schwer faßbaren wissenschaftlichen Renommees, durch prominente Einladung zu Konferenzen, durch eine gute Position auf dem Vortragsmarkt und nicht zuletzt durch wissenschaftlichen Preise statt.

In der Wissenschaft im Sinne der *scientific community* gibt es also zwei zu unterscheidende Belohnungen: zum einen die einmalige Anerkennung in Preisen und Ehrungen, die dann auch eine mittelfristige Publicity nach sich zieht. Die Geldmittel sind dabei, verglichen mit dem, was man in der Industrie an Boni, Erfindervergütung oder Verkaufsprovision bekommen kann, marginal – selbst der Nobelpreis hat sein Gewicht durch sein fast mythisches Prestige, weniger durch den dazugehörigen Geldbetrag. Zum anderen ist – da viele laufen und nur einer den Preis bekommt, obwohl in der Wissenschaft die Preise fast so inflationär geworden sind wie bei den Medien[16] – die häufigere und begehrtere Belohnung für wissenschaftliche Leistung und nicht zuletzt für systemkonformes Verhalten[17] die Berufung auf eine Dauerstellung im akademischen Bereich oder in einem Forschungsinstitut der Großforschungseinrichtungen oder Forschungsgesellschaften. Dies dürfte neben dem Streben, Ansehen zu gewinnen und ein angesehener Fachmann oder eine angesehene Fachfrau zu werden, im Vordergrund stehen.

Es ist heute wohl der Idealfall, wenn sich ein Forscher allein durch die Erkenntnis, die er gewonnen hat, belohnt fühlen sollte, aber wenn man sich den heutigen Forschungsbetrieb mit den entsprechenden Verteilungskämpfen und dem Nützlichkeitsdiktat ansieht, dem man ihn trotz schöner Sonntagsreden unterworfen hat, dann scheint dies eher eine nebensächliche Rolle zu spielen. Der Grund für die grundlegende Veränderung der Wissenschaftssituation dürfte in der Usurpation der Wissenschaft durch andere gesellschaftliche Subsysteme, die Politik und die Ökonomie, liegen.

Denn das angeblich leistungsorientierte neue System der Entlohnung der Hochschullehrer kam durch die Übertragung der ökonomisch orientierten Vorstellung zustande, daß man wissenschaftliche Leistung messen und daß man mit der Aussicht auf Gehaltserhöhung Leistungssteigerungen motivieren könne. Das erste Problem bei der Adaption einer leistungsorientierten Ent- und Belohnung besteht darin, daß in den verschiedenen Wissenschaftsdisziplinen diese Leistungseinschätzung unterschiedlich gehandhabt wird. Drittmittel in Sozial- und Geisteswissenschaften einzuwerben ist ungleich schwieriger als in den Disziplinen, die eine leichtere und marktgängigere Anwendungsmöglichkeit haben, wie etwa Technik- und Naturwissenschaften. Werden Universitäten wie Unternehmen geführt, interessieren drittmittelträchtige Fächer, nicht die wissenschaftliche Qualität oder Tiefe oder gar der aufklärerische Impetus sozial- und geisteswissenschaftlicher Fächer. Ein weiteres Problem besteht darin, daß man einen Wissenschaftler eher mit guten Arbeitsmöglichkeiten und weniger mit mageren Zulagen motivieren kann. Er ist in der Regel intrinsisch motiviert, hat daher ein ausgeprägtes autonomes Belohnungssystem, und Qualitätsurteile von Nichtfachleuten sind ihm gleichgültig. Das aus der Ökonomie übertragene Belohnungssystem verändert das Belohnungssystem der Wissenschaft und verändert das

Subsystem Wissenschaft selbst, indem es die Werte vom Inhalt zur Verpackung verschiebt.

Bleibt noch zu vermerken, wer denn über die Belohnungen in der Wissenschaft entscheidet. Es sind Gremien aus Kollegen, Konkurrenten, Fachleuten und aus Nichtwissenschaftlern. Diese geben meistens, weil sie über die Gelder entscheiden, den Ton an. Die Wissenschaft sorgt durch ihr Rekrutierungssystem dafür, daß Außenseiter Außenseiter bleiben: »Doch die Wissenschaft, man weiß es, / achtet nicht des Laienfleißes.«[18] So hat die Wissenschaft als formale Institution im Sinn Max Webers Rituale, Glaubenssätze, Sukzessionsregelungen und Abgrenzungsmuster entwickelt, die sich im Laufe der zweiten Hälfte des 20. Jahrhunderts unter dem Einfluß ihrer Ökonomisierung stark verändert haben und die nun dysfunktional geworden sind.[19] Die Akademisierung der Berufsausbildung – zum Teil wegen der gestiegenen Anforderungen notwendig, zum Teil aus Prestigegründen heftig forciert[20] – hat zur Degeneration der Lehre an den Universitäten hin zur bloßen Berufsausbildung unter Verlust der Bildung beigetragen – eine von der Politik durchaus gewollte Entwicklung. Die Divergenz zwischen den Sonntagsreden, die die Wichtigkeit der Bildung für die Zukunft unseres rohstoffarmen Landes betonen, und dem, was in den Landeshaushalten und dem Bundeshaushalt für Wissenschaft, Forschung und Bildung tatsächlich ausgewiesen ist, wirkt fast schon grotesk.[21]

Technische Entwicklung

Im Subsystem der Technik finden wir als zentrales, aber knappes Gut die technischen Funktionalitäten und deren erfolgreiche Verwendung auf einem Markt, also Innovationen. Es geht hier in gewisser Weise um die kostengünstige Differenz zur vorhergehenden technischen Funktionalität, d. h. ihrer Verbesserung. Die spezifische Aufgabe der Technik ist Herstellen, Gestalten und Verfügbarmachen, aber auch Rückbauen von solchen technischen Funktionalitäten in Form von Artefakten und der Einrichtung oder Modifikation der dazu notwendigen organisatorischen Umgebung. Wir nennen dies die organisatorische Hülle. Dazu gehört primär die Innovation, d. h. aus Inventionen durch entsprechende Forschung und Entwicklung funktionierende verkaufbare Produkte und Verfahren zu gewinnen. Heute wird bereits versucht, auf die Entstehungsbedingungen von Inventionen Einfluß zu nehmen: Erfinde das Richtige ...

Primärer Code dieses Subsystems ist die Effektivität. Der Umgang mit Prozessen, Gegenständen und Eigenschaften geschieht unter dem Aspekt ihrer Funktionalität: Nur was wir bauen können, haben wir auch verstanden – davon sind die meisten Techniker und Konstrukteure überzeugt.[22] Die Steuermechanismen der Technikentwicklung im Subsystem »Technik« laufen zum einen über die Marktgängigkeit der Produkte, zum anderen aber auch über interne Belohnungssysteme sowie über die Investitionsentscheidungen, die den Gang zwischen Invention und Innovation bestimmen.

Belohnt wird die durchsetzbare Invention, auch wenn sie nur eine inkrementelle, d. h. kleine, recht unscheinbare, aber im Lauf der Entwicklung wichtig werdende Verbesserung sein sollte, und der zugrundeliegende Funktionserfolg. Das hört sich recht neutral an, der Pferdefuß steckt in der Organisation der Innovation sowie darin, wie das, was als Innovation gelten soll, festgestellt wird, oder das, was als inkrementelle Verbesserung z. B. innerbetrieblich anerkannt wird, und letztlich aus der Antwort auf die Frage, was überhaupt ein Funktionserfolg ist.

Der Computer ist zweifelsohne die wirkmächtigste Innovation der zweiten Hälfte des 20. Jahrhunderts, die Digitalisierung und damit die Konvergenz zwischen Kommunikations- und Rechnertechnik war eine Folge der Anwendung der Prinzipien des Computers auf andere technische Prozesse. Für die theoretischen Grundlagen, für die Alan Turing, Norbert Wiener, John von Neumann, Konrad Zuse und andere gesorgt haben, gab es weder Geld noch das Prestige des Nobelpreises, belohnt wurden die Produktentwicklung und der Verkauf – zuerst von Großcomputern, dann von Personal Computern. Die Invention wird selten belohnt und gewürdigt, eher dann schon der Investor und seine Entscheidung, das Ganze weiterzuentwickeln: Die größten Gewinnraten bei der Innovation liegen, wie oben bereits gesagt, bei denen, denen es gelingt, marktfähige Produkte daraus zu machen, anzubieten und zu verkaufen beziehungsweise – mit welchen Mitteln auch immer – einen Markt hierfür zu schaffen. Im Streit um Patente, Lizenzen und Rechte mag es um hohe Summen gehen, die für den Erfinder oder Entwickler existentiell sind, in der Regel liegen diese um Zehnerpotenzen unter dem, was man mit dem geschickten Vertrieb der entsprechenden Produkte verdienen kann.

Das innerbetriebliche Vorschlagswesen, das Firmen in Westeuropa in Kopie aus USA in den fünfziger Jahren einführten und dem spiegelbildlich das Neuererwesen in den sozialistischen Ländern entsprach,[23] kannte die Prämie für einen Vorschlag, sofern er erfolgreich umgesetzt wurde. Geniale Konstruktionen und Erfindungen werden mit Preisen der Branche ausgezeichnet, wenn sie in der Regel zu einem Produkt geführt haben.[24] Daraus lassen sich die Kriterien erkennen: neue Funktionalität, ihre Effektivität und Effizienz, die Anschlußfähigkeit an bisherige Technologien und ihre erwiesene Vermarktungspotenz.

Im Bereich der Technik wird ein Ingenieur nach der Eleganz der Konstruktion, nach der Anzahl der Patente, nach der technologischen Perfektion (*technologically sweet*), aber auch nach Funktionsdichte, d. h., »was so ein Ding alles kann«, nach Wirtschaftlichkeit, nach Zuverlässigkeit, bedingt auch nach ethischen Standards beurteilt.[25] Diese Beurteilung nehmen im allgemeinen die Kollegen und nicht die Kunden vor. Die Belohnung besteht dann auch im Lob von Kollegen, dem ausbleibenden Tadel vom Marketing oder auch der Nichterwähnung im Warentest: Worüber man nicht schimpft, das ist wenigstens Mindestqualität.

Sofern eine technische Entwicklung nicht aus kompetitiven Gründen abgeschottet in den Labors der Firmen abläuft, gibt es durch die Fachpresse entsprechendes Ansehen und Publizität in der Fachöffentlichkeit, technische Verbände und Vereinigungen ehren verdiente Mitglieder aufgrund ihre Lebenswerks oder einzelner Leistungen, ebenso wie dies andere Branchen auch tun. Allerdings wird nicht die Bemühung, sondern der Erfolg prämiert, und zwar ist dies in der Regel der wirtschaftliche Erfolg. Dasselbe gilt auch bei Patenten. Unter Ausnutzung der Doppeldeutigkeit des Begriffs stellte der Stifterverband der Deutschen Wissenschaft in Anzeigen die Frage: »Was verdient ein Wissenschaftler?« und antwortete: »Forscher haben vor allem zweierlei verdient: Freiräume und Anerkennung.«[26] Daneben stehen zweifelsohne die Belohnungen, die auch in anderen Subsystemen *mutatis mutandis* zu finden sind: Statt Tantiemen sind es Lizenzeinnahmen aus Patenten und Schutzrechten, sofern sie nicht durch Erfindervergütung schon abgegolten worden sind, Positionen, fachinternes, kaum öffentliches Ansehen, selten wirklich Ruhm.

Bleibt noch die Frage zu erörtern, wer denn über Belohnungen in der Technik entscheidet. Die Anerkennung kommt nicht von Nutzern, Kunden oder Käufern des Produkts, auch nicht der Ruhm oder die Publicity, und wenn, dann sehr spät – posthum zuweilen. Es sind die Firmen, das Patentamt, die Fachöffentlichkeit und ihre Gremien – kurzum wiederum die Kollegen, die über die Anerkennung und das, was über das Gehalt, also die Entlohnung, hinausgeht, entscheiden. Damit bleibt der Nutzer oder auch der Erleider von Technik und ihrer gestaltenden Macht von Lebenswelten meist unberücksichtigt. In den Gremien der Fachöffentlichkeit und in den Organisationen, z. B. Verbänden, Akademien, Vereinen etc. – man sehe sich nur die Kuratorien der entsprechenden Stiftungen an, die Preise im Bereich der Technik verleihen –, finden sich neben Fachleuten wieder die Vertreter derjenigen, die aus Inventionen erst Innovationen machen können – die Investoren.[27] Daß dazu im Bereich der präkompetitiven, d. h. vor dem eigentlichen Wettbewerb liegenden Entwicklungsarbeiten auch die Förderung der öffentlichen Hand gehört, ist unbestritten. Es scheint aber in diesen Gremien selten Vertreter von Verbraucherverbänden, Kundeninitiativen, Techniktestern oder einer kritischen Öffentlichkeit, vertreten z. B. durch Fachjournalisten, zu geben.

Wer Technik entwickelt, anbietet, verkauft, betreibt, nutzt und – hoffentlich – auch entsorgt, hat Interessen. Die Legitimität dieser Interessen soll hier gar nicht bestritten werden – man muß es sich nur klarmachen, daß Technik eine interessenbezogene Veranstaltung ist. Technik ist zudem »machtschlüssig«,[28] das bedeutet, daß sie sich der organisatorischen Hülle, die sie erzeugt und zum Funktionieren braucht, auch anpaßt und sie zugleich verändert.[29] So hat die Einführung des Computers in die Betriebe in den achtziger Jahren zu erheblichen Veränderungen der Organisationsformen geführt, die der Computer doch unterstützen sollte. Dies führte zu einer Restrukturierung der Arbeit in einem Ausmaß, das nur mit dem der industriellen Revolution vergleichbar ist.

Umgekehrt wird die Technikgestaltung von den Kräften beeinflußt, die an ihrer Nutzung definierte Interessen haben. So konnte der amerikanische Arbeitswissenschaftler David F. Francis Nobel[30] schon früh nachweisen, daß immer, wenn eine technologische Verzweigung anstand, d. h. die Wahl zwischen zwei funktional in etwa gleichwertigen Alternativen, diejenige Lösung gewählt wurde, die dem Betreiber resp. Besitzer der Technik einen Zuwachs an Kontrolle über jene verschaffte, die mit dieser Technik zu arbeiten hatten.

Es ist jedoch nicht nur das Interesse an der Kontrolle, das Technik gestaltet, sondern es ist auch die Technik selbst, die Interessen weckt. Denn es ist die Technik, die dem Kapital neue Verwertungsmöglichkeiten bietet. Der Ingenieur und Technikphilosoph Günther Ropohl sieht die gegenwärtige beschleunigte Technikentwicklung als ein Ergebnis beschleunigter Kapitaldynamik. Das bedeutet auch, daß Technik sich nicht eigengesetzlich entwickelt, sondern entlang der Verwertungslinien des Kapitals.[31] Diese weltweite Technisierung als Kapitalbildung rechnet sich vergleichsweise schlicht: Gewinn läßt sich beim Einsatz von Maschinen nur dann erzielen, wenn der Erlös größer ist als die Kosten z. B. für Maschinen, Arbeitskräfte und Gebäude. Der Gewinn kann statt für Spekulationen auch für die Rationalisierung der Geschäfts- und Produktionsprozesse verwendet werden. In diesen Bereichen ersetzt innovative Technik in der Regel vorhandene niedrigqualifizierte Arbeitskraft in weitaus höherem Maße, wenn die zusätzlichen Kosten der Technikeinführung und -nutzung und der dazu erforderlichen höher qualifizierten Arbeitskraft, einschließlich der Abschreibung, niedriger sind als die eingesparten Arbeitslöhne. Diese Rechnungsweise hat unter anderem dazu geführt, daß die Arbeitsproduktivität seit den fünfziger Jahren um das Siebenfache angestiegen ist, trotz durchschnittlich weniger Arbeitszeit und deutlich mehr Urlaubszeit.[32]

Es ist eine Art sekundäres Belohnungssystem, nach dem sich die Entwicklung von Technik ausrichtet. Technik wird zwar nach wie vor von Menschen gemacht, diese folgen ihren Motivationsstrukturen und belohnen sich mit der Erfüllung von Affekten, aber neben dem Traum des Ingenieurs von einem genialen Produkt steht die Handlungsweise des Investors, und dieser belohnt sich nicht mit technischen Funktionalitäten, sondern mit deren verwertbareren Nützlichkeit in Form der Rendite seines Einsatzes.

Das führt unmittelbar zu zwei Problemkreisen: Technik für Gebrauchsgüter (beispielsweise für Unterhaltungs- und Kommunikationselektronik) wird konsequenterweise für die Zielgruppe mit der größten Kaufkraft entwickelt. Daraus ergibt sich unter anderem das Problem des Overengineering, d. h. der vielfach beklagten Komplexität von Technik. Diese juvenil zentrierte Technik herrscht immer noch vor, wobei infolge der demographischen Verschiebung sich der Schwerpunkt der Kaufkraftverteilung auf die älteren Jahrgänge hin zu verschieben beginnt. Entsprechend sind die ersten Versuche zu beobachten, altersgerechte Technik auch im Gebrauchsgütersektor zu entwickeln.

Ein weiteres Problem ergibt sich aus der Tatsache, daß die Kaufkraft der Massen seit 1990 durch Reduktion der Lohnarbeit infolge ihrer Technisierung und Informatisierung stagniert. Die Konsumzurückhaltung hat daher ihren Grund, gleichzeitig wird der Markt mit angeblichen Innovationen überschwemmt.[33] Dies führt zu einer Verbilligung, die gleichzeitig den Druck auf die Rationalisierung von Innovationsprozessen erhöht.

Overengineering

»Overengineering« ist ein bis heute nicht bewältigtes Ärgernis in der Technikgestaltung. Es erscheint zunächst als ein Phänomen, an dem sich der ideal naive Benutzer wegen der zu komplizierten Bedieneroberfläche reibt. Von der Mehrheit der Benutzer einer solchen Technologie werden die meisten Funktionen, die neben der technischen Hauptfunktion noch angeboten werden, als überflüssig angesehen, weil sie im Alltag nicht gebraucht werden.

Der Begriff des *Overengineering* ist in der Softwarebranche und der Informatik schon länger bekannt. Er bezeichnet einen Trend, technische Systeme mit soviel technischen Funktionen wie möglich auszustatten, was dann dazu führt, daß die Benutzeroberflächen wie bei Handys, Unterhaltungselektronik, Haushaltsgeräten bis hin zu überladenen Cockpits übertrieben komplex werden. Der Normalkunde fühlt sich dadurch »überfordert«. So ist wohl kein Kunde in der Lage, alle Funktionen, die beispielsweise ein Handy bietet, zu kennen, geschweige wirklich voll auszunutzen, es sei denn, dieser Kunde wird selbst mit der Zeit zu einem Spezialisten für Handy-Bedienungsoberflächen.

Das Problem der überflüssigen Ko-Funktionen ist nicht nur ein Ärgernis für den ideal naiven Benutzer bei den Produkten der Konsumelektronik und der Informations- und Kommunikationstechnik, es besteht ebenfalls bei der professionellen Technik im Bereich der Investitionsgüter. Analysiert man manche

Bedienungsoberflächen nicht nur in der Konsumelektronik, in der Telekommunikation sowie in der Produktionstechnik, kann man zum Schluß gelangen, daß einige dieser Kriterien, nach denen technische Gestaltung getrieben wird, die Orientierung an technischer, sozialer und ökonomischer Brauchbarkeit vermissen lassen.

Es steht zu vermuten, daß dieses Overengineering unter anderem die Folge eines falsch angepaßten Belohnungssystems innerhalb des Subsystems ist, bei dem die richtigen Leute, die es eigentlich können müßten, für die falschen Gründe belohnt werden von Leuten, die über die Betroffenen und ihre Bedürfnisse in der Regel auch nicht viel wissen können.

Wie kann es zu einer solchen Entwicklung kommen? Die Machbarkeit von fast beliebigen technischen Funktionen hängt mit einer technologischen Entwicklung zusammen, die schon früh als Informatisierung[34] der Technologie bezeichnet wurde, deren Folgen aber damals nur wenig beachtet wurden.[35] Diese Informatisierung führte dazu, daß man die bisher realisierten Funktionen, z. B. die mechanische Kraftübertragung bei einer alten Briefwaage, zuerst durch elektrische Funktionen, danach durch Informationsströme ersetzte und damit eine Fülle zusätzlicher Funktionen möglich wurde – man kann bei der elektronischen Briefwaage eben nicht nur das Gewicht ablesen, sondern auch gleich die richtige Frankierung ermitteln.[36]

Die Digitalisierung erweitert damit die Möglichkeiten der weiteren Verarbeitung durch Algorithmen, also Rechenverfahren – die Signale werden berechenbar. Nun könnte man das Signal, das von der elektrischen Gewichtsmessung kommt, sogar dazu benutzen, automatisch die Kosten berechnen und sogleich vom Bankkonto abziehen zu lassen.

Der Einzug des Mikroprozessors hat somit bewirkt, daß eine

fast unübersehbare Fülle neuer Funktionen bei einem Produkt programmierbar wurde. Was man gemeinhin Digitalisierung nennt, also die Diskretisierung von Signalen für eine verarbeitungsgerechte Codierung, hat in der Technologie ganz allgemein einen Universalisierungsschub bewirkt. Die Ersetzungen mechanischer Funktionen durch elektrische, danach dann durch Informationsströme und letztlich durch die Digitalisierung in berechenbare und der Verarbeitung zugängliche Daten haben zu einer erheblichen Dematerialisierung von Technik geführt. Das bedeutet auch, daß der materielle Aufwand, eine technische Funktion bereitzustellen, erheblich gesunken ist.

Damit sinken die Kosten für die Herstellung und auch die Preise für die Nutzer dieser Technologien. Es ergeben sich neue Möglichkeiten der Rationalisierung und der Produktivitätssteigerung. Dies ist zweifellos ein erheblicher Fortschritt, wenn man die Wahlfreiheit technischer Funktionalität bewahrt, d. h. die Funktionen realisiert, die der Kunde wünscht. Dieselbe universelle Möglichkeit wird aber zur Plage, wenn Ingenieure und Technikdesigner meinen, alle möglichen Funktionen in ein Gerät oder gar in ein technisch-organisatorisches System hineinstopfen zu müssen.

Es gibt nicht nur technische sondern auch ökonomische Gründe für diese Entwicklung. Bei der Miniaturisierung in der Chiptechnologie oder in der Mikroelektronik läßt sich zeigen, daß es ökonomischer ist, möglichst viele Funktionen auf kleinem Raum unterzubringen, die Träger dieser Funktionen massenhaft zu produzieren und die fehlerhaften Elemente auszusortieren.[37] Nun wird man – eben aus Kostengründen und aus Gründen der technischen Rationalität – beispielsweise in einem Auto oder auch in einem Handy universelle Mikroprozessoren verwenden, deren Funktionen weitgehend durch Programmierung festgelegt werden. Damit eröffnen sich für die technische Gestaltung immens viel neue Möglichkeiten. Und es wird verständlich, weshalb man in Produkte mit massenhafter Stückzahl auch universal programmierbare Prozessoren einbaut, mit denen man fast alles machen kann – vernünftige Funktionen wie leider auch überflüssigen bedienungstechnischen Schnickschnack. Mit möglichst vielen Funktionen, auch wenn sie nicht alle beim Nutzer aktualisiert werden, hofft man auf breitere Möglichkeiten, für solche Produkte werben und damit auch neue Bedarfsstrukturen erzeugen zu können.

Diese Möglichkeit, durch Programmierung technische Funktionalität parametrisieren zu können, also dem Gerät formal »sagen« zu können, als was es funktionieren soll, ist eine Entwicklungsstufe der Technologie, die sowohl Technikgestalter wie Technikbenutzer zu überfordern scheint. Wir nennen dies Universalisierung. Man kann sie sich am Schweizer Taschenmesser klarmachen. Je mehr ausklappbare Teile ein solches Messer hat, desto prestigeträchtiger ist sein Besitz für Menschen, die meist männlich und meist noch nicht volljährig sind. Am weitesten ist die Universalisierung im Bereich der Informations- und Kommunikationstechnologie fortgeschritten, wo zwei ursprünglich getrennte Technologien, die Computertechnik und die Nachrichtentechnik, zusammengewachsen sind und wo das universelle Endgerät ins Haus steht: Ein handlicher Kleinstcomputer, der als Kommunikationsinstrument (Handy, Fax, E-Mail, SMS etc., Notruf) wie als Kamera, Fernsehgerät, Rechner, Identifikationsträger (Ausweis), medizinischer Assistent etc. dienen kann.[38]

Betrachten wir die Akteure im Entwicklungsprozeß einer Technologie. Der Inventor sucht den Ruhm, der erste zu sein, die Anerkennung, die Lizenzen und die Einnahmen. Er wird belohnt von seinem Arbeitgeber, seinen Förderern oder dem – allerdings selten eintretenden – eigenen unternehmerischen Erfolg. Der Investor will den *return of invest*, er schätzt das Risiko und die Chancen ab und drückt beide in zu erwartenden Marktanteilen aus. Der Entwickler, der die Erfindung in ein Produkt umsetzt, will die Anerkennung vom Kollegen, das Lob vom Marketing und erfüllt eventuelle Affekte, die mit seinem Konstruktionsideal zusammenhängen. Den Produzenten interessieren seine Position am Markt, die *shareholder values*, nach denen er unternehmerisch taxiert wird, und im »Idealfall« strebt er auch den Erhalt und die Schaffung neuer Arbeitsplätze an. Der zahlende Nutzer sucht aus den obengenannten Gründen die minimalen Preise und die Verbesserung des Nutzen-Kosten-Verhältnisses. Der Entsorger schließlich ist an einer entsorgungsfreundlichen, d. h. leicht entstückbaren und recycelbaren Technik interessiert, deren Zerlegung er einfach und kostengünstig unter Beobachtung ökologischer Auflagen organisieren kann.

Das Problem ist, daß die Akteure kaum miteinander reden und auch nicht gegenseitig durch Belohnungssysteme verpflichtet sind. So gibt es sinnlosen Wettlauf, Zurückhaltung von Investoren, strategische Patentverweigerung oder Anmeldungen, Fehleinschätzungen, Ignoranz, Wissensmangel, jede Menge Bedenkenträger im Controllingsektor und durchweg falsche Benutzermodelle, weil der Kollege von nebenan Testperson spielen mußte, nicht zuletzt unter Zeitdruck.

Es scheint das Motto zu gelten: Auf die Kollegen, nicht auf den Kunden kommt es an. Viele Techniker und Ingenieure sind der Ansicht, daß sie primär nicht vom Kunden, sondern von den Fachkollegen beurteilt werden. Ihre Karriere hängt nicht vom Lob der Kunden, sondern von der Anerkennung durch Kollegen ab. Sie designen also Produkte, die vor allem vor den Augen anderer Ingenieure Gefallen finden sollen – der Kunde und ideal naive (d. h. voraussetzungslose) Benutzer ist dabei als Instanz sekundär. Die Belohnungssysteme sind entsprechend: Preise, Beförderungen, Gehaltszuschläge, Anerkennungen etc. werden für Technikgestaltung überwiegend von Institutionen (meist Entwicklungsabteilungen der Firmen oder Berufsvereinigungen) vergeben, in denen Techniker und Ingenieure, sei es betrieblich oder öffentlich, das Sagen haben.

Ein weiteres Moment kommt hinzu. Der voraussichtliche Typus des künftigen Nutzers einer Technik, sei es einer Anlage oder eines Geräts, muß beim Entwurf ja modelliert werden – man braucht eine Vorstellung von dessen möglichen Schwächen oder Eigenarten. Hierzu bedarf es einer Vorstellung, wie ein künftiger Benutzer diese Technologie sieht, d. h. welches Modell sich der Nutzer von der Technologie macht, um sie begreifen und anwenden zu können. Beide Modelle passen oft schlecht zusammen, wie man sich bei der Lektüre von Bedienungsanleitungen schnell klarmachen kann. Das Elend liegt darin, daß die Begriffe für die Benutzermodellierung durch den Techniker oder Ingenieur nicht aus der lebensweltlichen Erfahrung, sondern dem eigenen beruflichen Umfeld genommen werden. Das bedeutet: Der Ingenieur modelliert den künftigen Nutzer nach seinem Ebenbild, die Modelle der Benutzung kommen meist vom Kollegen, nicht vom Kunden.

Hier wäre also noch genügend technologische Aufklärung zu leisten.[39] So ist es immer noch selten, daß außer den Bemühungen des Marketing um Marktforschung, wo es um die Resonanz von Design und Anpassung an den Massengeschmack geht, die Produkte vom Technikgestalter im freien Feld, d. h. also im alltäglichen Betrieb, *vor* der Einführung mit voraussetzungslosen Benutzern getestet werden. Dadurch könnte viel Unsinn vermieden werden.

Pragmatischerweise wird man aber in einer offenen Diskussion über technische Funktionalitäten, wie sie gerade in der Computerszene stattfindet, im Dialog schnell Einigkeit darüber erzielen, was technologisch vernünftig, brauchbar und was unnötiger Unfug ist, der lediglich als Werbe-, Design- oder Marketingargument fungiert.

Wir sollten also über die in diesem Bereich enthaltenen Belohnungssysteme nachdenken. Ich werden im letzten Kapitel ein paar Vorschläge dazu machen. Soviel aber wird hier schon deutlich: Der Nutzer sollte die Möglichkeit von Sanktionen haben, dann würde er auch gehört. Und wir müssen besser wissen, wofür wir die Technikentwickler belohnen wollen.

Politik und Recht

Das Subsystem Politik ist eng mit dem Subsystem Recht verbunden. In der Politik sind das zentrale, aber knappe Gut die Macht sowie die Aufmerksamkeit für politische Entscheidungen und öffentliche Angelegenheiten. Beides ist eng gekoppelt, wenn man, nach Hannah Arendt, Macht als die Organisation von Zustimmung interpretiert[40] und wenn Zustimmungsprozeduren in der Demokratie Wahrnehmung und Aufmerksamkeit voraussetzen. Typische Aufgabe der Politik ist es, Rahmenbedingengen für die Durchsetzungen von Interessen zu schaffen und gegensätzliche Interessen auszugleichen. Ihr zentrales Ziel ist die Gestaltung des Zusammenlebens in einer Gemeinschaft, die durch ihre ökonomischen Transferleistungen eine Gesellschaft bildet. Die Codes der Politik sind Macht und Einfluß im Sinn von Führung und Deutung. Die Ausführung solcher politischen Prozesse, also die Machtausübung, wird in der Demokratie zum einen beschränkt durch die übliche Zuteilung von Macht auf Zeit, d.h. also auf die jeweiligen Perioden bis zur möglichen Wiederwahl. Andererseits beschränkt der demokratische Rechtsstaat durch bestimmte Regeln die Handlungsmöglichkeiten von Individuen sowie von Institutionen zur Gewinnung, Optimierung und Erhalt von Macht und Einfluß. In der Demokratie sind die politischen Steuermedien die regulären Wahlen und im zunehmenden Maße die Medien sowie die darin als öffentliche Meinung propagierte veröffentlichte Meinung.[41]

Belohnt wird in der Politik daher die erfolgreiche Strategie und Technik zum Machterhalt, wobei die Frage, wofür die Macht denn angestrebt wurde, meist erst später gestellt wird. Belohnt wird vom Wähler und der Öffentlichkeit mit Mandaten, Publicity, Ansehen – alles jedoch zeitlich eng begrenzt, sofern wir von der Demokratie ausgehen. Das Belohnungssystem in der Politik belohnt nach Wählerstimmen, nach TV-Auftritten und Erwähnungen, generell nach Medienpräsenz, nach dem Vernetzungsgrad, der langjährigen Treue zu einer Partei und den sogenannten politischen Punkten, d.h. der Wirksamkeit von politischen Positionen, sofern sie medial vermittelt werden können und demoskopisch ihren Niederschlag finden.

Eine entscheidende Rolle spielt das »Hinterzimmer« als Symbol für Entscheidungsvorbereitungen, die in der Regel in einem kleinen Kreis aktiver Mitspieler vorgedacht werden. Dies ist der Preis für die Einbeziehung aller in Entscheidungen: Komplexe Alternativen müssen auf vergleichsweise einfache Alternativen fokussiert werden, die dann Gegenstand von Abstimmungsprozeduren sein können.[42]

Regelmäßig in der Öffentlichkeit kehrt die Debatte wieder, inwiefern Glaubwürdigkeit eine belohnenswerte Haltung in der Politik darstelle. In der Regel wird sie im aktiven politischen Geschäft weniger hoch geschätzt, da sie erfolgshemmend ist, anders in der Nachschau und der Würdigung eines Politikerlebens.

Bleibt die individuelle Belohnung. Das »Blatt für die gebildeten Stände« von 1882[43] hat verkündet, daß Politik den Charakter verderbe. Andere meinen, Politik würde ganz bestimmte Charaktere anziehen, die dann die Politik verdürben,[44] wieder andere behaupten, Politiker seien nur deshalb in der Politik, weil dort Medienpräsenz, Publicity, Ansehen und viel Geld zu holen sei. Das letztere ist sicher falsch – man muß schon ein gerütteltes Maß an Leidenschaft für die öffentliche Sache, die *res publica*, haben, um sich der Anfeindungen der Freunde, Feinde und Parteifreunde zu erwehren, der öffentlichen Schelte zu trotzen, sich dem Fraktionszwang manchmal bis zur Verbiegung des eigenen Gewissens zu beugen, wenn es um die Regierungsmehrheit geht. Und das bei einer 60-Stunden-Woche und einem Gehalt, für das sich ein Hauptabteilungsleiter in der Industrie noch nicht einmal bewerben würde. Es muß also noch andere *matter of rewards* geben: der Einsatz für eine Sache, die sinnvoll ist und Identität stiften kann. Gewiß ist manchem ein Machtzuwachs vor Einkommenszuwachs lieber, wenn er in die Politik geht, vielleicht geht es aber noch mehr um die Selbstanerkennung, die im Bewußtsein liegt, bezüglich eines Themas in einer Periode bedeutend zu sein. Wir sind wieder bei der Erfüllung der Affekte Ehre und Ehrgeiz, die ohne thematische Bindung gar nicht richtig vorstellbar sind. Und dennoch leidet die Politik heute unter einem Mangel an Inhalten – immer wieder wird die Frage gestellt: Wofür steht denn der bedeutende, bekannte, hoch angesehene Politiker XYZ politisch? Was ist sein Thema? Verwaltet oder moderiert er nur? Ist er lediglich der führende Angestellte der Nation, der, sollte er (politische) Visionen bekommen, besser zum Psychiater gehen sollte?[45]

Im Subsystem Recht ist das zentrale, aber knappe Gut die Qualität der Regulierung qua Gesetze. Die spezifische Aufgabe des Rechtssystems ist die Stabilität der Rechtsgemeinschaft. Das zentrale Ziel ist die Orientierung des Verhaltens an den in dieser Rechtsgemeinschaft geltenden Maßstäben. Die Codes sind ausgedrückt in den Normen, in den Gesetzen und in der Verrechtlichungsmöglichkeit der Handlungs- und Prozeßvollzüge auf individueller, institutioneller wie auf gesellschaftlicher Ebene. Ein Grund für die zunehmende Verrechtlichung in allen Bereichen liegt sicher in der Usurpierung des Alltags durch die Codes des Rechts. Dies hängt damit zusammen, daß in einer weitgehend säkularisierten Gesellschaft eine starke Unsicherheit darüber herrscht, was als Moral gelten soll, da die Begründungen naturrechtlicher oder religiöser Art vielfach nicht mehr akzeptiert werden und die Ethik vielen zu abstrakt und theoretisch vorkommt. In diese Unsicherheit hinein bietet sich der Richterspruch als Instanz an, zumal er auch – und gerade zivilrechtlich – mit Sanktionen versehen ist.

Die Wahrnehmung von Prozessen und Sachverhalten geschieht auf dem Hintergrund der Gesetzesverletzung. Moralische Überlegungen spielen nur bei Begründung von Gesetzen, aber in den Gesetzen selbst keine Rolle.[46] Die Steuermedien des Rechts sind die Verfassung, die Gesetzgebung, deren strikte Legitimitäts- und Legalitätsbindung sowie der politische Wille des Gesetzgebers.

Insofern sind Politik und Recht engstens miteinander verwoben: Die Politik organisiert die Gesetzgebung, es gibt aber Teile des Rechts, die die Politik nach unserer Verfassung nicht ändern kann.[47]

Oben habe ich bereits angedeutet, daß die Symmetrisierung von Strafe und Belohnung schon deshalb nicht möglich ist, weil die Strafe auf dem Fuß folgen sollte, die Belohnung der guten Tat folgen kann, aber nicht folgen muß. Der Bürger wird für rechtschaffenes Verhalten in der Regel damit belohnt, daß er nicht bestraft wird, die Justiz und in ihr agierende Personen dafür, daß sie keine Fehler machen. Gewiß wird bei Anwälten der Erfolg wirtschaftlich belohnt; sie dienen schließlich Interessen und erst in zweiter Linie irgendwelchen Gerechtigkeitsvorstellungen. Jahrelang keine Fehler gemacht zu haben wird im Kontext von Laufbahnen mit Verbeamtung, Aufstieg und Beförderung belohnt. Über Belohnungen durch das Recht ist nichts bekannt – es sei denn, man sieht Strafmilderung bei Geständnisfreude und der Bereitschaft, an der Aufklärung eines Verbrechens mitzuarbeiten, als Belohnung an.

Die oberste Maxime, keine Fehler zu begehen, steht dem Wunsch nach schnelleren Entscheidungen und damit nach effizienteren Verfahren entgegen. Da Verwaltungen an Recht und Gesetz gebunden sind und oftmals weitreichende Entscheidungen zu treffen haben, die alle vor den Verwaltungs- oder Arbeitsgerichten beklagt werden können, ist auch hier das zuweilen für den Bürger quälende Moment der Langsamkeit der Maxime geschuldet, Fehler von vornherein zu vermeiden und den nachträglichen Korrekturaufwand zu minimieren. So kann man durchaus Verständnis für die qualitätssichernde Langsamkeit aufbringen – hier ist Zeit nicht Geld, sondern Qualität und Rechtssicherheit. Diese sollte man zugunsten eines ökonomisierten Zeitdrucks nicht aufs Spiel setzen.

10 Wenn sich die Systeme gegenseitig in die Quere kommen

Falsche Ausgangspunkte

Wir haben alle eine intuitive Vorstellung von funktionierenden Systemen – da aber der Systembegriff selbst perspektivisch ist, ist es der Funktionsbegriff in diesem Kontext natürlich auch. Die Beantwortung der vierstelligen Frage, wer wen wofür womit belohnt, war zunächst nur deskriptiv. Sie bezog sich darauf, wie die einzelnen Subsysteme versuchen, ihre Funktionen, d. h. Stabilisierung und Optimierung der Versorgung und des Umgangs mit ihrem jeweils knappen Gut, zu realisieren, indem sie Leistungen erbringen, die den spezifischen Code des Systems in besonderer Weise erfüllen. Das legt eine gewisse Binnenrationalität an das Belohnungsmuster eines Subsystems an. Motivieren und führen die Belohnungsmuster innerhalb eines Subsystems zu einem Verhalten, das dem spezifischen Code widerspricht oder den Umgang mit dem jeweils knappsten Gut gefährdet, funktioniert das Belohnungssystem nicht mehr richtig.

Das kann unterschiedliche Gründe haben: Was geschieht, wenn die falschen Instanzen belohnen? Der erste Fehler, den man begehen kann, ist, das eigene Ich an die Stelle anderer Belohnungsinstanzen zu setzen. Damit ist nichts gegen die notwendige, das Ego kontrollierende Funktion des Gewissens gesagt, die unabdingbar ist und zum Menschsein gehört. Die Ersetzung der belohnenden Instanz durch das eigene Ich verhindert jedoch die Wahrnehmung des eigenen sozialen Umfelds und dekontextualisiert die Orientierung in all den Subsystemen, in denn wir aktuell agieren. Bei den autonomen Belohnungssystemen kann man sehen, daß sie für die intrinsische Motivation, aber auch für Sucht verantwortlich sein können. Das beginnt da, wo die Delegation von Belohnungssystemen im jeweiligen Subsystem an die Selbstbelohnung des Individuums sich verselbständigt, die Ziele des Subsystems zu persönlichen Zielen werden (man nennt das euphemistisch Engagement) und gegebenenfalls Suchtcharakter erhalten, Besessenheit sich einstellt. Hier beginnt ein höchst spannender Übergang zwischen dem gesunden bis leidenschaftlichen Einsatz für die Ziele eines Subsystems zum Fanatismus und Fundamentalismus, wenn Codes absolut gesetzt werden.

Der zweite Fehler, den man in der Ausrichtung eines Belohnungssystems an dieser Stelle machen kann, besteht darin, Belohnende und Belohnte institutionell zu koppeln. Dann paßt der Hund auf die Wurst auf. Genau das geschieht, wenn Kollegen Kollegen belohnen, Fachleute Fachleute beurteilen, Architekten nur noch für Architekten bauen, Konstrukteure für Konstrukteure konstruieren, Aufsichtsräte Firmen kontrollieren, denen sie durch Vernetzung mehr als verbunden sind, Philosophen nur noch Philosophen für Philosophen interpretieren.

Oftmals werden die falschen Leute belohnt. Der Chef, nicht der Angestellte bekommt den Bonus, der Teamleiter den Preis, nicht der Assistent, der Verwerter, nicht der Erfinder hat den ökonomischen Vorteil, der Eloquente, nicht der Nachdenkliche kommt ins Fernsehen. Das Blendende, gut Verpackte verkauft sich besser als der wertvolle Inhalt. Wer hohes Ansehen hat, bekommt noch mehr, wer schon befördert worden ist, wird noch mal befördert.[1] Warum werden Manager belohnt, wenn sie eine Pleite hinlegen, warum fallen Politiker weich, wenn sie abgehalftert mit Positionen in der halbstaatlichen Wirtschaft belohnt werden? Was uns als Belohnung der Falschen erscheint, die es nicht »verdient« haben, kann für das Subsystem und seine Ziele durchaus sinnvoll sein. Im Rahmen unseres individuellen Belohnungssystems, das eher auf den Kompensationsgedanken und eine primär attributive Gerechtigkeitsvorstellung (jedem nach seiner Leistung und erst dann nach den Bedürfnissen) ausgerichtet ist, koppeln wir Leistung und Belohnung. Das Subsystem koppelt hingegen bei der Verfolgung seiner Ziele, z. B. der eigenen Stabilisierung, in der Person des Belohnten den Bekanntheitsgrad und das Ansehen der Position mit der zu belohnenden besonderen Erfüllung von Systemzielen. Nicht die Person wird belohnt, sondern die Position und Funktion innerhalb des Systems wird als dienlich herausgehoben und so der Aufmerksamkeit zugeführt. Damit wird auch der Anreizcharakter des Belohnungssystems mit erfüllt. Daß ein solches Vorgehen in vielen Fällen zur Demotivation der »eigentlichen« Leistungsträger führen kann, läßt diese Form von Belohnung aus der Sicht der zu kurz Gekommenen eben als ungerechtfertigt erscheinen.[2]

Das, womit belohnt wird, kann falsch sein. Die Vermutung, mit Geld könne man immer belohnen, da könne man nichts falsch machen, ist selber falsch. Die Wirtschaft hat es versäumt, statt immer nur auf Gehaltssteigerungen seines Führungspersonals zu schauen, ein ehren- und ansehenorientiertes Belohnungssystem wie in den Künsten oder in der Wissenschaft zu entwickeln. Wenn das Ansehen proportional zum Gehalt wäre, könnte man das noch verstehen – in Kulturen wie in Japan ist das zum Teil so, bei uns wohl noch nicht, sonst würde man die Information über das Gehalt nicht als vertrauliche Personalsache behandeln. Ansehen gewinnen Wirtschaftsführer durchaus auch heute noch durch erfolgreiches wirtschaftliches Handeln. Pseudoehren und schillerndes Ansehen gibt es aber auch durch gesponserte, inszenierte und gemauschelte Publicity: heute noch

Manager des Jahres oder des Monats, morgen schon Verantwortlicher einer Riesenpleite, der mit einer horrenden Abfindung aus der öffentlichen Wahrnehmung abtaucht, um wenig später, wenn Gras über die Sache gewachsen ist, an anderer Stelle wieder eine führende Position einzunehmen. Ein dermaßen praktiziertes Belohnungssystem ist nicht einmal der Binnenrationalität des Subsystems Wirtschaft dienlich. Hier sind Ansehen, Geld und Leistung offensichtlich gänzlich entkoppelt.

Es werden womöglich die falschen Dienste belohnt. Hier scheint die Hauptquelle der Schieflage unserer Belohnungssysteme zu liegen. Die Aussicht auf Belohnung (auch im Sinne eines Zuwachses der Entlohnung) motiviert ja unser Verhalten und bildet Verhaltensmuster und Haltungen aus. Damit steuern funktionierende Belohnungssysteme die jeweiligen Subsysteme, in denen sie gelten sollen. Das Problem der mittelbaren Fehlsteuerung beginnt, wenn die Menschen hoffen, für etwas belohnt zu werden, was im Belohnungssystem gar nicht vorgesehen ist. Wenn die Wissenschaft also nicht die neue Erkenntnis, sondern die Menge der Veröffentlichungen belohnt, die Politik nicht die erfolgreiche Gestaltung des Gemeinwesens, sondern die Publicity und die »politischen Punkte« beim Wahlkampf belohnt, die Wirtschaft die Zugehörigkeit zur Managerkaste, invariant von Leistung und Ansehen, mit Boni und Abfindungen belohnt, dann werden falsche Erwartungen erzeugt.

Ein weiteres Problem ergibt sich aus der Belohnung des Falschen: So werden beispielsweise Ehrlichkeit in der Politik oder Sicherheit in der Technik als hohe Werte gepriesen. Die Praxis sieht aber ganz anders aus, weil Taktieren und Verschleiern in der Politik Vorteile, die Absenkung von Sicherheitsstandards in der Technik ökonomischen Vorsprung bringen. Wenn also ein Subsystem bestimmte Werte als primär propagiert und für seine

Funktion auch als gültig durchsetzen will, dies aber wegen faktischer Belohnungen ganz anderer Verhaltensweisen nur noch deklamatorisch, aber nicht über Sanktionen tun kann, dann verschieben sich die Wertevorstellungen – und zeitlich versetzt dazu auch die Deklamationen und Einstellungen der »Bewohner« des Subsystems. Das macht sich dann als vielbeschworener Wertewandel, als Desillusionierung und als Vertrauensverlust bemerkbar. Im schlimmsten Fall macht sich Zynismus breit.

Die spezifische Funktionalität der Belohnungssysteme ergibt sich de facto daraus, in welcher Situation und in welchem gesellschaftlichen Teilbereich sie angesiedelt oder verwendet werden. Auch dort können sie zuweilen »nicht im Sinne des Erfinders« funktionieren, vor allem, wenn sich die Voraussetzungen geändert haben und das Belohnungssystem aus gewisser Trägheit oder Tradition dennoch weiter Anwendung findet. Kritisch wird es dann, wenn Belohnungssysteme in Teilbereiche der Gesellschaft verschoben werden, für die sie nicht gemacht wurden. Eine solche Usurpation scheint eine der Hauptursachen für viele Fehlfunktionen innerhalb der gesellschaftlichen Subsysteme zu sein.

Es geht um die Probleme, die entstehen, wenn sich die Systeme gegenseitig in die Quere kommen. So können wir beispielsweise bei Ingenieuren und Redakteuren, bei Wissenschaftlern, Politikern oder Ärzten beobachten, wie ihre Belohnungsaussichten zu Handlungen und Verhaltensweisen führen, die mit dem Subsystem, aus dem sie kommen, nicht mehr viel zu tun haben. Da sie Mitglieder unterschiedlicher Subsysteme sind, geraten sie durch die gegenseitige Durchdringung in Zwiespalt, nach welchem Belohnungssystem sie sich nun ausrichten sollen und welcher Code nun für sie in der aktuellen Situation primär ist. Insbesondere wird es da interessant, wo das eine System das andere zu kolonialisieren versucht, also die Technik verrechtlicht wird, Gefühle ökonomisiert werden oder Wissenschaftler und Politiker sich gegenzeitig zeigen wollen, was sie zu tun und zu glauben haben.

Die Vermischung der Codes

Nicht nur Belohnungssysteme werden von einem Subsystem auf das andere zu übertragen versucht, sondern auch die zentralen Güter und primären Codes können sich gegenseitig stören oder übertragen werden. Solche Durchdringungen gleichen eher unfreundlichen Übernahmen. Dabei verändern sich die Codes, die Sichtweisen auf die zentralen Güter, die Handlungsmuster und damit auch die Belohnungssysteme. Die Systeme verändern sich so, daß der Beobachter annehmen muß, als ob nun die falschen Instanzen und Leute über Belohnungen entschieden, das Falsche belohnt werde, die Belohnungen selbst falsch und unangepaßt seien und die falschen Leute belohnt würden.

Ein Beispiel, in dem das Rechtssystem die Technik usurpiert: Gern wird über die Verrechtlichung der Technik geklagt, d. h., der Technikgestalter fühlt sich von Sicherheitsvorschriften und Verboten eingeengt, die aus seiner Sicht von Leuten erlassen wurden, die über keine professionelle technische Ausbildung verfügen. Im unkolonialisierten Zustand seines Belohnungssystems erwartet der Ingenieur für eine elegante oder kostengünstige Konstruktion zumindest, seinen Job erhalten zu können. Das Recht ist aber ebenfalls als Subsystem »anwesend«; der Richter bestraft im Haftungsfall den Technikgestalter unter Umständen für eine risikoreiche Konstruktion. Hingegen wird er bei einer risikominimierten Konstruktion im Haftungsfall nicht bestraft. Die Erfahrung zeigt, daß Konventionalität weder sanktioniert noch sonderlich belohnt wird. Die Verrechtlichung bremst nach Ansicht vieler Technikschaffender den aus ihrer Sicht gewünschten Fortschritt. Umgekehrt kann sich der Konstrukteur, wenn er die rechtlichen Rahmenbedingungen kennt, auch daran orientieren – das technisch Machbare muß dann auch das rechtlich Zulässige sein. Das Eindringen der Vorstellungen über Produzenten- und vor allem Produkthaftung aus den USA in die europäische Technikentwicklung zeigt mittlerweile Wirkung.[3]

Umgekehrt beklagen sich Gesetzgeber und Rechtsprechung darüber, daß die Technik das Recht vor sich hertreibe. Diesen Eindruck kann man bekommen, wenn man das Hase-und-Igel-Spiel in der Informations- und Kommunikationstechnik betrachtet. Gesetze in diesem Bereich sollen beispielsweise für den Schutz des geistigen Eigentums, für Rechtssicherheit beim Umgang mit Rechnern und beim Verhalten in Netzen oder auch dem Schutz der Privatsphäre dienen. Der Technikanbieter ist in der Entwicklung der Technik meist den gesetzlichen Regelungen weit voraus. Zuerst sind die technischen Möglichkeiten da, erst dann erfolgt die Regelung.[4]

Als weiteres Beispiel sei der Fall betrachtet, bei dem sich die Politik der Wirtschaft bemächtigt. Nehmen wir an, daß ein guter Manager für die effektive Führung des Betriebs durch seinen Boß oder Aufsichtsrat neben seiner Entlohnung mit Boni und einigen Statussymbolen belohnt wird. Wäre er in der Politik oder Verwaltung, würde er für angepaßtes, opportunes Verhalten durch politisch paritätisch besetzte Gremien mit irreversibler Beförderung belohnt werden, bis er die Stufe erreicht, aus der er wegen seiner dazu relativen Inkompetenz nicht mehr weiter befördert werden kann. Dies ist das ursprünglich eher als wirtschaftswissenschaftliche Kabarett-Nummer eingeführte, aber höchst wirksame Peter-Prinzip.[5]

In der Politik als Subsystem gelten einige Belohnungsdogmen, die ihre zweifache Wurzel in den Grundsätzen des Beamtentums haben, denn viele Politiker sind, wenn sie Ämter bekleiden, Wahlbeamte. Diese Wurzel besteht zum einen aus dem Alimentierungsgedanken, zum andern aus dem Grundsatz Besitzstandswahrung.[6] Das drückt sich darin aus, daß kein Beamter, wenn er sich nichts zuschulden hat kommen lassen, gegen seinen Willen auf einen Posten versetzt werden darf, der ihm weniger Gehalt einbringen würde. Dies gilt allerdings nur eingeschränkt, wenn die Position durch Wahlvorschriften zeitlich begrenzt ist. Der Universitätspräsident muß, wenn er nicht wiedergewählt wird, auf eine normale Professorenposition zurück. De facto läuft es aber in überwältigend häufigen Fällen so, daß der ehemalige Universitätspräsident irgendwann einmal Minister oder Staatssekretär, Institutschef einer außeruniversitären Einrichtung oder vergleichbarer Institutionen wird, so daß sein »Besitzstand« gewahrt bleibt.[7] Die Kolonialisierung der Industrie durch die Politik sorgt dafür, daß sich das Peter-Prinzip auch in der Industrie wiederfindet. Um es platt zu sagen: Es geht an dieser Stelle nicht nur um die horrenden Abfindungen, die die Gemüter in der Debatte im Jahre 2008 erregten, sondern um die geräuschlose »Entsorgung« gescheiterter Manager in die Führungsposition anderer Betriebe – nach einer gewissen Karenzzeit. Da die Verflechtung der Unternehmen untereinander durch Kapitalbeteiligungen, Seilschaften, gegenseitige Aufsichtsratsmandate etc. extrem dicht und zunehmend internationalisiert ist, stellt ein weicher Wechsel selten ein Problem dar.

Einige Ebenen tiefer finden wir jedoch dasselbe Problem. Das Peter-Prinzip besagt, daß nicht nur in Behörden die irreversible

Beförderung nach oben dazu führt, daß man schon aus Gründen der Normalverteilung der Begabung immer an Leute geraten wird, die so lange befördert worden sind, bis sie ihre Stufe der Inkompetenz erreicht haben. Ein guter Fachlehrer muß nicht der geeignete Schulleiter sein, der geniale Konstrukteur erweist sich möglicherweise mit Managementaufgaben überfordert, ein Nobelpreisträger ist nicht unbedingt für die Politik geeignet. Wegen des Prinzips der Besitzstandswahrung, das den Weg aus Politik und Staat in die Wirtschaft gefunden hat, ist aber der Weg zurück verbaut, und das Unheil nimmt seinen Lauf.

Ebenso kann jemand, der in einer Tarifgruppe nach oben gestuft wurde, schon weil der Betriebsrat darüber eifrig wacht, auch bei mangelnder Leistung kaum mehr zurückgestuft werden.[8] Das hängt auch damit zusammen, daß wir uns die Tarife immer nur als sich laufend erhöhende vorstellen können – eine schrumpfende Wirtschaft könnte ja auch schrumpfende Tarife implizieren.[9] Tariferhöhungen werden zwar durch Kaufkraftverluste vermöge der Inflation und Preisentwicklung sowie durch Steuererhöhungen aufgefressen oder gar ins Gegenteil verkehrt, aber die gefühlte Steigerung ist wohl wesentlich für unsere soziale Wahrnehmung.

Die Verbeamtung der Wirtschaft durch solche Strukturen ist eher sichtbar in großen als in kleinen Betrieben. Sie stellt eine wirksame Bremse der Produktivität und Kreativität dar. Umgekehrt versucht gerade das Berufsbeamtentum durch Reformen in den Behörden, das Leistungsprinzip einzuführen. Der Ansatz ist löblich, und es ist ein geradezu revolutionärer Gedanke, daß Beamte nach Leistung entlohnt werden sollen. Das Problem beginnt mit der Festlegung, was denn nun bei hoheitlichen oder wissenschaftlichen Aufgaben eine Leistung ist und was nicht. In der Regel läuft das auf eine Modernisierung hinaus, die die Prozesse noch ineffizienter macht, als sie es schon waren.[10]

Damit komme ich auf das Problem zurück, daß sich die Dienstleistungen von Behörden, die Wissenschaft, das öffentliche Leben und unser Denken schleichend ökonomisiert haben.

Die Ökonomisierung des Denkens und der Wissenschaft

Die Wirtschaftswissenschaften versuchen letztlich, Kulturtechniken zu beschreiben.[11] Dabei schießen sie manchmal über das Ziel hinaus, wenn sie – von der Politik zuweilen unbewußt in die Pflicht genommen – bestehende wirtschaftliche Verhältnisse, also auch Produktionsverhältnisse und deren aktuell praktizierte Spielregeln, als quasi naturgesetzliche Zwänge apologisieren. Dagegen gilt: »Es sind, das lohnt festgehalten zu werden, nicht die Maschinen, die Menschen einstellen oder feuern.«[12] Die laufende Vermischung zwischen normativem und deskriptivem Anspruch hat zu erheblichen Verwirrungen geführt. Eine davon ist, Mitglieder eines Ausschusses von regierungsseitig eingeladenen Wirtschaftwissenschaftlern als »Wirtschaftsweise« zu bezeichnen. Man sollte sich doch erinnern, daß das 20. Jahrhundert von der Auseinandersetzung zwischen zwei Wirtschaftssystemen gekennzeichnet war, die auf unterschiedlichen Menschenbildern aufbauten und völlig unterschiedliche Theorien des Wirtschaftens produzierten. Das Ganze endete mit dem sogenannten »Sieg« des Kapitalismus, wobei diese Etikettierung ebenfalls aus den normativ-deskriptiven Verwirrspielen der Begriffsbildung wirtschaftswissenschaftlicher Provenienz stammt.

Die Erfahrung der Globalisierung war ebenfalls verwirrend – man hielt sie lange Zeit für eine Katastrophe, die über das beschauliche europäische Wirtschaften hereingebrochen sei. Parallel dazu hatte man allerdings die Wahrnehmung, daß ökonomische Kategorien in Alltag, Beruf und Politik dominant wurden. Erst langsam wurde man sich klar, daß Globalisierung eine Konsequenz politischer Entscheidungen war, die unter dem Einfluß der Wirtschaftsschule des Neoliberalismus[13] standen.

Nun ist das Eindringen des Ökonomischen in die Rationalität, auch in die Argumentationsmuster unserer Lebenswelten, nichts sonderlich Neues. Sie wurde schon im 19. Jahrhundert propagiert, erreichte aber nur diejenigen, die von Berufs wegen über Wirtschaft nachdachten. Eher hatten die gesellschaftliche Erfahrung von Sockelarbeitslosigkeit, die Ängste vor dem *downgrading*, die Furcht vor internationaler Konkurrenz auch auf einem internationalisierten Arbeitsmarkt das Dominantwerden ökonomischer Kategorien erkennen lassen. Dazu kam die Wahrnehmung, daß sich die wirtschaftlichen Akteure sichtbar ausdifferenzieren lassen: Kapitaleigner, Besitzer, Shareholder, Produzenten, Manager, Konsumenten, Verlierer, Gewinner … Die Sendezeiten und Spalten für Börsenberichte wurden länger und umfangreicher. Die Wirtschaftswissenschaftler wurden zu den Erklärern der Welt bestellt. Vielleicht, wo wurde gehofft, ist eine

> … ökonomische Wertewelt auch als der Versuch zu verstehen, endlich Vernunft, Wohlstand und Frieden in eine von Krieg, Ideologie und Machtanmaßung vergiftete Welt zu bringen. Die Ökonomie ist der aufklärerische, fortschrittliche gemeinsame Nenner. Welthandel, Entwicklungshilfe, Infrastruktur und Technologieförderung sind einige Stichworte dieses neuen Konsenses.[14]

Man kann sich dennoch fragen, ob diese ökonomischen Werte eines Tages von kommenden Generationen genauso als Torheit angesehen werden könnten, wie wir heute gewisse Positionen der Scholastik, die Konfessionskriege oder gar die Verabsolutierung der Nationalstaaten als Irrtum ansehen.[15]

Ökonomisierung des Denkens heißt nun nicht, daß das Denken selbst effizienter, optimaler oder besser gemacht werden könnte, sondern daß gewisse Denkkategorien, Schemata und Schlüsselbegriffe seit einer geraumen Zeit vorherrschend werden und die öffentlichen, politischen wie kulturellen Räume mit wirtschaftlichen Kategorien durchdringen. Der Verdacht auf eine rein kapitalgetriebene Zivilisation und Unternehmenskultur läßt uns erstaunt fragen, ob nun die Welt ökonomischer geworden und ob sich unser Denken deswegen verändert hat oder ob sich unser Denken selbst verändert hat und dadurch die Welt ökonomischer geworden ist.

Wieviel Wahrhaftigkeit, Anstand und Moral darf sich leisten, wer einmal nach ganz oben will?[16] Der Wissenschaftsforscher Klaus Fischer gibt die Antwort: »So wenig, daß man sich nicht vor lauter Wahrhaftigkeit und Anstand die Chance auf politische Macht oder eine konkurrenzfähige Elite verbaut, aber zugleich gerade so viel, daß man nicht in den Fängen der Justiz landet.«[17] Beginnt damit das ökonomisierte Denken? Die Antwort schmeckt wieder nach dem rationalen, die Grenzen des Möglichen ausprobierenden *homo oeconomicus*.

Es kommt wohl darauf an, in welchem Subsystem man sich belohnen lassen möchte, also nach oben möchte. Wir hatten Subsysteme dadurch gekennzeichnet, daß sie ein zentrales, aber knappes Gut herstellen, verwalten oder verteilen und sich durch unterschiedliche Normen, Werte und deren Präferenzen und unterschiedliche in ihnen praktizierende Belohnungssysteme unterscheiden. Primärer Wert des Subsystems Wissenschaft ist die Wissensgewinnung, im Subsystem Ökonomie wird die Gewißheit des Wissens als Sekundärcode der Rendite untergeordnet.[18] In der Politik wird die Tatsache als eine Frage der Wahrnehmung und Auslegung gesehen, und in den Medien erfährt die Wahrheit durch selektive Wahrnehmung und Verstärkung von Deutungen eine entsprechende Abschwächung. In der Wissenschaft stellen Gewinn und Profit einen sekundären Code dar, in der Ökonomie ist er selbstverständlich primär. Die Politik sollte zwar Rahmenbedingungen für das Erwirtschaften von Gewinnen herstellen, steht aber oftmals durch Interaktion mit dem Wirtschaftssystem in direkter Abhängigkeit. Klaus Fischer nennt dies *pay back*: Die Sicherung der Macht gegen Sicherung von Rendite. [19]

Die Ökonomisierung der Medien hat – zumindest als Sekundärcode – zur Abhängigkeit von Quoten und Werbeeinnahmen geführt. Auch in der Wissenschaft lassen sich höchst dynamische Machtverhältnisse wie führende Schulen, Deutungskämpfe, Kampf um Drittmittel und Förderung belegen. Im Subsystem der Ökonomie spielt Macht eine durch Verfügbarkeit über Ressourcen vermittelte Rolle, zuweilen bedient sich aber auch die Ökonomie der politischen Macht, um sich entsprechenden Einfluß und Absatzmöglichkeiten zu sichern. Die primäre Machtausübung der Medien besteht immer noch in der Deutungshoheit über gesellschaftliche Prozesse, Schlüsselbegriffe und geschichtliche wie aktuelle Ereignisse.

Und im Konzert der Subsysteme beginnt die Ökonomik als Wirtschaftswissenschaft[20] die erste Geige zu spielen: »In ihrem Wesen ist sie eine Wissenschaft, die menschliches Verhalten analysiert, bewertet und zu verändern versucht und die dafür eine ganz bestimmte ökonomische Denkweise einsetzt.«[21] Auch wenn das, was der pragmatische Slogan ausdrückt »There is no thing like a free lunch«,[22] eine überwältigende Erfahrung für jeden ist, darf man doch fragen, was das für ein Selbstverständnis einer Wissenschaft ist, die ernsthaft vorgibt, das menschliche Verhalten verändern zu wollen. Oder versteht sich diese Disziplin als eine Art Organisations- und Sozialtechnologie des wirtschaftlichen Subsystems?

Die Ökonomisierung der Kategorien unserer lebensweltlichen Beschreibung ist schon weit fortgeschritten: Universitäten sollen als Unternehmen betrachtet werden, es gibt einen Bildungsmarkt, Wissenschaft sei eine Dienstleistung gegenüber Wirtschaft und Gesellschaft, und schließlich solle man die Volkswirtschaft eines Nationalstaates mit den Kriterien einer Aktiengesellschaft messen können – daraus wird dann die Deutschland AG.

Konsequenterweise hat sich die Ökonomie auch der Wissenschaft bemächtigt. Versuche hierzu hat es immer gegeben – die frühen Universitäten des Mittelalters waren direkt vom Geld der Orden, der Kirche und der Landesherren abhängig, und entsprechend tanzten sie nach deren Pfeife – nicht nur konfessionell, auch philosophisch. Große Unternehmen waren sich früh über die wirtschaftliche Bedeutung gut betriebener Wissenschaft, vor allem Natur- und Technikwissenschaft, klar und richteten firmeneigene Forschungsinstitute ein. Gleichwohl lag der Schwerpunkt der Forschung in Europa in den ersten zwei Dritteln des 20. Jahrhunderts an den staatlichen Universitäten – aus ihnen gingen geeignete Gelehrte hervor, und aus ihnen kamen auch Anstöße für Wissenschaft, Politik, Wirtschaft und Kultur. Das alles kostete Geld und Zuwendungen. Förderung von interessierter Seite hatte es schon immer, vornehmlich im Bereich der Ingenieurs- und Technikwissenschaften, gegeben. Man nannte das damals noch nicht Drittmittel. Die Existenz der Universität, die fachliche Ausrichtung der Fakultät und das Interesse des Forschers blieben jedoch durch solche Finanzierungsmodelle – mit

Ausnahme einiger Fakultäten und Hochschulen im Dritten Reich – weitgehend unberührt. Daß es dabei in den einzelnen Fachbereichen autokratische Strukturen gab, denen heute nur noch Unverbesserliche nachweinen, sei unbestritten.

Mit Ökonomisierung der Wissenschaft ist hier jedoch ein sehr spezieller Diffusionsprozeß gemeint, den man anhand der Veränderung der Belohnungssysteme deutlich machen kann. Der Forscher wurde im Idealfalle für seine Erkenntnis, seine Wahrheitsfindung, auch für seine lebenslangen Bemühungen, mehr aber noch für den fachlichen Fortschritt, an dem er einen nennenswerten Anteil hatte, belohnt. Ansehen, Anerkennung, Positionen in der Institution Wissenschaft erhielt er durch die *scientific community*. Nun kommen die Drittmittel als steuernde Größe ins Spiel, weil dem Staat das Geld und der politische Wille ausgehen, sowohl für Bildung im wissenschaftlichen Bereich wie für Forschung, sich wirklich nennenswert zu engagieren.[23] Drittmittel bedeuten, daß man ein vorher beantragtes Forschungsthema mit diesem Geld innerhalb eines fixierten Zeitraums mit vorgegebenem Budget und Personal- wie Sachmitteln bearbeitet. Auf diese Weise kommen in der Regel keine umwerfenden Forschungsergebnisse zustande, denn dieses Verfahren belohnt die Mainstream-Forschung und das *puzzle solving*. Das ist notwendige Kärrnerarbeit in der Wissenschaft und auch nicht ehrenrührig. Allerdings wächst der Konformitätsdruck, wenn die Mittel knapper werden. Die Selektionskriterien verschärfen sich, man geht auf Nummer Sicher. Gutachter honorieren dann immer weniger einen ungewöhnlichen oder risikoreichen Forschungsansatz.

Bei Drittmitteln der Industrie sieht es anders aus: Hier wird ein umsetzbares Ergebnis erwartet – auch der Nachweis, daß etwas nicht geht, kann ein höchst einträgliches Resultat für den

Auftraggeber sein. Er wird das Ergebnis, da er es finanziert hat, primär für sich verwenden wollen – es gibt also in der Regel Sperrfristen, einen spürbaren Druck in Richtung auf gewisse Sprachregelungen, Geheimhaltungsklauseln und andere Regularien mehr, die sich mit der Vorstellung von freier und öffentlicher Wissenschaft nicht vereinbaren lassen. Gleichwohl kann heute keine Universität mehr ohne Drittmittel auskommen. Der Forscher wird also für erwartete, anwendungsreife Ergebnisse, die dem Auftraggeber exklusiv zur Verfügung stehen, durch Finanzierung seiner Struktureinheit, in der er arbeitet, belohnt. Je mehr die Struktureinheit von der Drittmittelfinanzierung abhängig ist, desto größer ist der existentielle Druck.[24] Es ist ein gradueller Übergang von den bisher budgetierten Universitäten zu den privat finanzierten Forschungsinstituten: Der Forscher wird belohnt – mit Budget für seine Abteilung, mit Zulagen, Stellenzuwachs etc. und damit auch mit Ansehen – für alles, was Geld in die chronisch knappen Kassen der Administration seiner Universität oder Forschungseinrichtung spült. Kein halbwegs realistischer Beobachter geht davon aus, daß unter diesen Umständen ein Forscher sein Themengebiet wirklich entsprechend seinen Interessen, Neigungen und Fähigkeiten wählt; er wird es eher danach auswählen, wo am ehesten Geld zu holen ist.

11 Was man tun könnte

Versuchen wir den Gedanken ernst zu nehmen, daß man an den Belohnungssystemen etwas neu justieren könnte. Das beginnt am besten mit der Selbstbeobachtung und dem Abschied von einigen liebgewonnenen Vorstellungen. Die erste ist die »... weit verbreitete Meinung, ... (die) glaubt, daß die Postulate zur Gestaltung des Wirtschaftslebens aus unserem Wirtschaftsdenken gewonnen werden können und müssen«.[1] Es wäre ja auch ruchloser Optimismus zu glauben, daß in einer Zeit, in der die ökonomische Rationalität zur alles umfassenden Vernunft verabsolutiert wird,[2] dieses Denken aus sich selbst heraus überwunden werden könnte.

Die Einführung ethischer Überlegungen ist ein Weg, der allerdings umstritten ist. Die empiristische Variante des Ökonomismus hält dagegen, daß unter den Bedingungen des marktwirtschaftlichen Wettbewerbs ethische Gesichtspunkte unmöglich geltend gemacht werden könnten. Hier wird die Sachzwanglogik des Marktes beschworen – die sicherlich ehrenhaften Motive dieser Beschwörung lassen wir hier undiskutiert. Die normative Variante des Ökonomismus bezieht sich auf den Markt als moralische Anstalt: Durch den Markt habe sich eine hinreichende Binnenmoral entwickelt, daher sei eine explizite Berücksichtigung ethischer Gesichtspunkte gar nicht mehr nötig. Markt wird hier als Ausdruck von evolutionär entstandener Moral aufgefaßt.

Nun wäre es ein unkluges Vorurteil, wenn man meinte, daß alle Manager, Politiker, Konzerne, Hersteller, Produzenten, Werbeleute, Händler, Aktionäre, Besitzer schlechthin und ihre Helfer weltweit aus niedrigen, eigennützigen Beweggründen ohne Rücksicht auf das Gemeinwohl, die Verlierer, die Schwachen und die Armen handelten. Man kann sogar davon ausgehen, daß die meisten unter den ihnen gegeben Bedingungen verantwortungsvoll zu handeln versuchen. So schreibt der Wirtschaftsethiker Peter Ulrich:

> »Moralische Personen zeichnen sich in ihrem Wirtschaftsleben keineswegs durch den pauschalen Verzicht auf privates Vorteilsstreben (also durch grenzenlosen Altruismus) aus, wohl aber dadurch, daß sie dieses vorbehaltlos abhängig machen von seiner Vertretbarkeit gegenüber jedermann.«[3]

Zu den wirtschaftlichen Akteuren gehören nämlich nicht nur all die oben genannten »Verdächtigen«, sondern wir alle als Verbraucher, Konsumenten, Dienstleistungsnehmer, Kunden. Aus welchen Motiven heraus handeln wir denn? Auch der Verbraucher hat sein Belohnungssystem und seine Affekte.

Noch nie war unsere Doppelmoral als geizige Verbraucher so preiswert. Wir protestieren gegen die Schließung von Produktionsstandorten, z. B. der Textilindustrie. Wir sollten uns fragen, wo unsere Hose genäht oder *stonewashed* wird, die wir zu herabgesetzten Preisen kaufen. Wir schimpfen über Globalisierung und finden es schön, vertraute Marken in aller Welt anzutreffen. In jedem Protestwähler wohnt auch ein Schnäppchenjäger. Wir bekunden unsere Solidarität im Protest gegen Betriebe, die ihre Produktion ins Ausland verlagern, wollen aber gern im Urlaub einen möglichst preisgünstigen Tapetenwechsel haben. Als kritische Bürger geben wir den moderaten Sozialisten, als Kunden verhalten wir uns wie Neoliberale. Wir kämpfen um Arbeitsplätze, Wachstum und Innovation und verstehen unter Wettbewerbsfähigkeit, wenn es hart auf hart kommt, die Erhaltung des Nord-Süd-Gefälles. Die Solidarität mit dem Fernliegenden ist ehrenvoll, im Nahhorizont sind wir knallharte Manager unserer Individualökonomie.

Deshalb sollten wir, nachdem wir unser eigenes Belohnungssystem analysiert haben, als weiteren Schritt versuchen, die Belohnungssysteme der anderen zu verstehen, und uns klarmachen, wofür der andere mit was von wem belohnt wird. Dann kann man gegenseitige Übersetzungen herstellen und die Motivationen für Handlungen besser verstehen. Das läßt sich gut an der Unterscheidung zwischen dem idealtypischen sozialistischen und kapitalistischen Wirtschaftssystem aufzeigen – gerade deshalb, weil es diesen krassen Gegensatz in der Weltpolitik so nicht mehr gibt. Man kann beide Wirtschaftssysteme auch als unterschiedliche Belohnungssysteme auffassen, auch wenn es in der Vergangenheit diese Idealtypen gar nicht gegeben hat, sondern immer nur Mischformen. Die Mißverständnisse zwischen beiden waren jedenfalls vorprogrammiert.

Allerdings lassen sich die Unterschiede zwischen Belohnungssystemen nicht erkennen, wenn die Belohnung (*the matter of reward*), die Belohnten selbst und die Belohner nicht erkannt werden können oder sollen. Auch Spione tragen ihre Orden nicht öffentlich. Zum Verständnis ist es deshalb notwendig, die Belohnungssysteme explizit zu machen. Ein Schritt in diese Richtung ist die schon lange geforderte Transparenz der Vergütung. Seit dem 1. Januar 2006 gibt es das Gesetz zur Offenlegung der Vergütung von Vorstandsmitgliedern bei börsennotierten Kapitalgesellschaften (VorstOG). Seit dem Frühjahr 2009 werden unter dem Eindruck der sogenannten Finanzkrise die Deckelung von Managergehältern und ihre Orientierung am langfristigen wirtschaftlichen Erfolg des Unternehmens diskutiert. Dazu gehört auch die Forderung nach Abschaffung der variablen Vergütungspositionen und der Boni. Dies geht mit einer entsprechend emphatisch aufgeladenen Begleitmusik einher, und mit Fragen, wie diese Gesellschaft wieder zum Vorbild des ehrbaren Kaufmanns zurückfinden könne. Die Einfachheit der wirtschaftlichen Strukturen, in denen »ehrbare königliche Kaufleute« agierten, ist auch mit der Deckelung von Boni und Gehältern nicht wieder zurückzuholen. Dies gilt auch für die Ingenieure. Sicher ist unbestritten, daß die Lohngestaltung volkswirtschaftlich immer noch die wirksamste Preisbildung darstellt.[4] Aber wir haben gesehen, daß der Lohn nicht alles ist und die Belohnung mit bei der Betrachtung berücksichtigt werden muß. Transparenz des Lohns und der Gehälter setzt sich als Forderung langsam auch in der Praxis um. Mit der Transparenz der Belohnungssysteme ist es noch nicht so weit her – sie zu verstehen, würde helfen, sie im funktionalen Sinne zu verbessern. Wenn Investmentbanker 50 Prozent des Gewinns, den sie mit fremdem Geld ohne persönliches Risiko erwirtschaften, als Belohnung selber einstreichen können, dann darf man getrost nach der Funktion eines solchen Belohnungssystems fragen.

Wir haben diskutiert, wie die Belohnungssysteme aus verschiedenen Bereichen – für die sie gemacht wurden[5] – in anderen Bereichen – Subsystemen – eingesetzt werden oder unmerklich hinüberdriften. Die wohl stärkste Diffusion der essentiellen Vorstellungen aus dem Subsystem »Wirtschaft« in nichtökonomische Bereiche hinein zeigt sich in der Ökonomisierung der Kategorien der jeweils usurpierten Bereiche.

Ein zweiter Schritt wäre, daß wir uns klarwerden, wofür wir belohnt werden wollen und wofür wir bereit sind, zu belohnen. Das ließ sich anhand der Technik gut zeigen: Wir wollen für einen sparsamen, ökologischen, vernünftigen Umgang mit Technik durch einen unkomplizierten, effektiven und preisgünstigen Gebrauch belohnt werden. Wenn dem so ist, dann ergeben sich Forderungen an die Gestaltung von Technik: Sie soll reversibel, d. h. rücknehmbar und rückbaubar sein. Sie soll frei sein, d. h., man sollte zugunsten seiner Privatheit jederzeit entscheiden können, ob, wann und wie man ein technisches System benutzt. Sie sollte nachhaltig sein, d. h., der Aufwand an Rohstoffen und Energie zur Herstellung, zum Gebrauch und Verbrauch bis hin zur Entsorgung sollte durch Regeneration innerhalb einer Generation gedeckt sein. Und sie müßte bezahlbar sein: Es müßte eine Grundversorgung mit notwendigen Technologien geben. Der Zugang zur Technik müßte unprivilegiert sein. Gerade bedürfnisrelevante Technologien müßten bezahlbar und jedermann zugänglich sein und von jedermann mit einer durchschnittlichen Begabung bedienbar sein.

Das sind hehre Forderungen, die man aus dem von Technikern selbst erhobenen Wertekatalog für Technikbewertung leicht ableiten kann.[6] Sie bleiben jedoch ineffektiv, wenn wir die Gestalter von Technik nicht für die Erfüllung dieser Ideale belohnen können oder wollen.

Was tun?

Es wäre naiv, Werbung einschränken oder die Freiheit der technischen Gestaltung reduzieren zu wollen. Versuche, zentral die wahren und falschen Bedürfnisse voneinander zu scheiden, sind bekanntlich kläglich gescheitert und haben zum Ruin der Planwirtschaft kräftig beigetragen. Andererseits wird die regulative Macht des Marktes überschätzt, zumal er leicht manipuliert und mit gewissen Geschäftspraktiken locker in eine Zwangsveranstaltung überführt werden kann.[7]

Das einzige, was man in dieser Situation tun kann, ist, sich viel mehr als bisher über Subsysteme wie Wirtschaft und Technik klarzuwerden, auch über den Umstand, daß Technik und ökonomische Spielregeln von Menschen gemacht werden und daß jemand, der Technik, Kunst, Dienstleistung, Weltanschauung, wissenschaftliche Erkenntnisse und anderes mehr »anbietet«, damit immer etwas bezweckt. Das erscheint als eine geradezu triviale Einsicht. Sie wäre auch nicht mehr als eine philosophische Hilflosigkeit, wenn wir nicht Anstrengungen unternähmen, die geforderte Aufklärung über die einzelnen Subsysteme und ihre Belohnungsstrukturen, also auch über Technik und Ökonomie, zu betreiben.[8]

Eine Aufklärung über die Wechselwirkungen zwischen Kultur, Wirtschaft und Gesellschaft kann im Rahmen eines Studiums in Form fachübergreifender Studieninhalte geschehen, man kann aber auch die Verbraucher und Kunden in ihrem Bemühen um Selbstaufklärung unterstützen. Ein verstärkter Fokus auf das Fach Wirtschaftsethik im Studium all dieser relevanten Fächer würde ebenfalls zur Aufklärung beitragen. Umgekehrt gilt: Warum bieten wir nicht auch in geistes- und sozialwissenschaftlichen Fächern Kurse an, die ein besseres Verstehen von Technologie und Wirtschaft erleichtern? Schließlich würde eine konstruktive Technikkritik einigen Herstellern helfen, ihre soziale und technische Vernunft wiederzufinden.

Bei den Belohnungssystemen hilft hier zweierlei: das bewußte Kauf- und Nutzungsverhalten und die öffentliche Diskussion. Beides muß zusammengehen. Es ist sinnlos, lediglich Kaufboykotte zu veranstalten. Es ist sinnlos, bloß über hohe Boni, überkandidelte Technik und unfähige Politiker zu schimpfen. Sinkende Absatzzahlen und das öffentliche Gelächter wären wirkungsvoller. Erhöhte Nachfrage, ein Lob in der öffentlichen

Diskussion oder eine zustimmende Anerkennung könnte nach allem, was wir über Belohnungssysteme in diesem Bereich nun herausgefunden haben, weitaus mehr bewirken.

Wir brauchen darüber hinaus eine bessere Mitgestaltungsmöglichkeit, zumindest bei technologiepolitischen Entscheidungen, die irreversible Teilentscheidungen enthalten (Energie, Kommunikation. Informations- und Kommunikationstechnik, Verkehr, evtl. Nano-Werkstoffe u. a.). Es ist wichtig, dahinterliegende Interessen, die durchaus legitim sein können, zu kennen und darüber zu reden. Vertrauen in Technik gibt es dauerhaft nur, wenn es ein ausgeglichenes Verhältnis von Innovationsinteressen und Nutzerinteressen gibt. Ähnliches gilt für Wirtschaft und Politik: Aufklärung und Information über Interessen und Motivationen schaffen mehr Vertrauen und Verständnis als Enthüllungen und Entlarvungen.

Wir haben in der obigen Analyse den Gedanken durchgespielt, bei Belohnungssystemen den Kompensationsgedanken aufzugeben. Belohnungen werden dann verstanden als Erfüllung von Affekten, die mit Motivationsstrukturen zusammenhängen. Das gibt eine große Gestaltungsfreiheit bei dem, womit wir belohnen wollen.

Die Einsicht, nicht immer erobern zu wollen, sondern überwiegend zu kooperieren, wurde durch Erkenntnisse aus zwei ziemlich unterschiedlichen Bereichen unterstützt: Die Spieltheorie, eine mathematische und dennoch recht anwendbare Angelegenheit, zeigt, daß eine Vorleistung Vertrauen stiftet, weil sie, obwohl mit dem Konkurrenzgedanken nicht verträglich, zu besseren Ergebnissen führt. Überlegungen zum Gemeinwohl, wie sie in der politischen Philosophie entwickelt worden sind, laufen auf dasselbe hinaus: Kooperieren lohnt sich auf die Dauer immer.[9]

Man wird nie ganz verhindern können, daß sich die Subsysteme gegenseitig in die Quere kommen. Aber aus der Diskussion und Kritik der Belohnungssysteme lassen sich ohne Mühe einige Vorschläge ableiten, die zur Rejustierung beitragen könnten.

Ist eine Ökonomisierung der Wissenschaft wirklich sinnvoll? Kein Mensch will die alte Ordinarienuniversität zurück, aber die Universitäten als Unternehmen zu betrachten erweist sich mittlerweile auch ökonomisch als wenig sinnvoll. Bildung zu finanzieren, müßte dem Staat schon aus Stabilitätsgründen angelegen sein. Die Finanzierung fachspezifischer Ausbildung sollen dagegen diejenigen leisten, die von dieser Kompetenz nachher auch einen Vorteil haben, also die Betriebe und die so ausgebildeten Fachleute selber.

Zu einer Rejustierung würde auch gehören, allen Versuchen einen Riegel vorzuschieben, Teilbereiche der Gesetzgebung, der Rechtsprechung und der Exekutive zu privatisieren und damit den ökonomischen Belohnungssystemen auszusetzen. Die in Europa zu findenden Beispiele bei Systemen der Energie- oder Wasserversorgung sollten zu denken geben.

Bei den Medien ist man versucht zu sagen, daß wir die gegenwärtige Herrschaft der Quote verdient hätten – im Gegensatz zur Leichtigkeit, mit der man ein Abonnement abbestellt, hat die Mehrheit die Möglichkeiten, die in der Betätigung der Aus-Taste liegen, noch nicht voll erkannt. Das wäre derzeit die stärkste Waffe gegen die Verzerrungen der Belohnungsstruktur in den Medien.

Verlängerung der Zeithorizonte

Generell sollten wir die Zeithorizonte unserer Belohnungssysteme verlängern. Darunter kann man die Zeitabschnitte verstehen, die zwischen dem zu Belohnenden und dem Eintritt der Belohnung vergehen. Dazu gehört aber auch der Zeithorizont der Leistung, für die belohnt wird, sowie die Dauer der Belohnung – Bentham unterschied ja schon zwischen einmaligen und fortwährenden Belohnungen.

Belohnungen, die zu lange ausbleiben, werden unter Umständen als demotivierend empfunden. Dasselbe gilt ja auch für die Strafe: Wenn zwischen Straftat und Bestrafung ein zu langer Zeitraum liegt, wird gerade von jugendlichen Straftätern der Zusammenhang nicht mehr gesehen. Umgekehrt kann eine zu kurze Zeitspanne zwischen guter Tat und Belohnung eine falsche Motivation aufbauen. Zu frühe Belohnungen haben auch etwas Tragisches: Eine Reihe von erfolgreichen Personen in den Medien oder auch in der Wissenschaft haben nach ihrem hochgelobten und bepreisten Anfangserfolg buchstäblich nichts mehr zu leisten vermocht und sind »abgedriftet«. Hier eine vernünftige Mitte zu finden ist zugegebenermaßen schwierig.

Wenn man fordert, daß Boni an Führungskräfte nur noch bei nachgewiesenem nachhaltigen wirtschaftlichen Erfolg des Unternehmens gezahlt werden sollen, ist es eine Frage, in welchem Zeithorizont man denn diesen wirtschaftlichen Erfolg als Belohnungssachverhalt feststellt. Die Frage ist auch, was als wirtschaftlicher Erfolg zu gelten hat. Es ist nachweislich unsinnig, Geschäftsführer einer kleinen, unterkapitalisierten GmbH verzögerungsfrei und proportional zum Umsatz zu belohnen. Die Finanzkrise ist eine Konsequenz daraus, daß dies in der Finanzwirtschaft in großem Stil gehandhabt wurde. Die Belohnung war und ist immer noch falsch, weil sie zugunsten der Optimierung eines primären Codes von Einzelpersonen, nämlich das eigene Einkommen zu mehren, eine falsche Steuergröße des größeren Belohnungssystems bedient und damit – unter veränderten Rahmenbedingungen – dessen Stabilität gefährdet.[10] Doch wie belohnt man festgestellte Nachhaltigkeit unternehmerischen Handelns? Eine Fünfjahresfrist riecht nach Planwirtschaft – generell werden feste Fristen nicht praktikabel sein, da muß wohl jede Branche neue Usancen entwickeln. Man könnte an das Erreichen von spezifischen Schwellenwerten innerhalb geeigneter Fristen denken: erreichte Stabilisierung der Kapitalausstattung, Zuwachs von Arbeitsplätzen, tatsächlicher, nicht erwarteter Gewinn nach Steuern und anderes mehr – also Größen, die man nicht durch Tricks kurzfristig in die Höhe jagen kann.

Daß wir mit diesen Vorschlägen gleich auch die Belohnungsgründe mit modifiziert müssen, ist unvermeidlich und wohl auch gut so.

Man kann Menschen nachhaltige oder kurzfristige Belohnungen geben. Ein Geldbetrag, ein Preisgeld, ein Bonus ist möglicherweise schnell verbraucht – es kommt auf die Klugheit des Belohnten an, wie er damit umgeht. In der Regel ist eine zu hohe Differenz zwischen den gegenwärtigen Lebensumständen und denen, die ein so erhaltener Betrag kurzfristig verspricht, kaum zu bewältigen. Es wäre deshalb sinnvoll, auch bei Belohnungen unter Umständen auf Auszahlungen in Perioden zurückzukommen. Man könnte eine solche periodische, begrenzte Belohnung auch mit einer Tätigkeitsauflage verbinden. Im wissenschaftlichen Bereich kennt man dies als Stipendium. Allerdings wäre sorgfältig zu vermeiden, daß eine solche Art von Belohnung den Geruch einer Apanage bekommt.

Eine weitere Möglichkeit, die Zeithorizonte der Belohnungen zu erweitern, wäre die Verleihung von Privilegien auf Zeit, die der Arbeitserleichterung dienen, z. B. kostenlose Zugänge zu Ressourcen für Forschung, für politische Tätigkeit, für kulturelles Engagement, oder Freistellungen für ehrenamtliche Tätigkeiten auf Zeit. Sabbaticals sind im öffentlichen Bewußtsein nur als Förderung mit wissenschaftlichen Tätigkeiten verknüpft – dies könnte es ja auch in anderen Bereichen geben – zum Beispiel in der Politik, in der Wirtschaft, in der Verwaltung und vor allem in der Schule.

Man könnte aber auch im Zeithorizont der Leistungen, die zur Belohnung ins Auge gefaßt werden, an Verlängerungen denken. Ein Politiker braucht als parlamentarischer Anfänger in der Regel zwei Jahre, bis er in etwa weiß, wie ein Parlament funktioniert und wie seine eigene Rolle darin sein könnte. In vier Jahren muß er sich wieder dem Wahlkampf stellen, wenn er sein Mandat verlängern möchte. Der Wahlkampf kostet einen Abgeordneten zur Zeit etwa ein halbes Jahr und hält vom inhaltlichen politischen Arbeiten ab, ist aber in einer Demokratie notwendig. Besser wäre es, die Legislaturperiode zu verlängern und nur eine zweimalige Wahl zuzulassen. Das verhindert zum einen, daß sich eine Klasse von Berufspolitikern bildet, die außer Politik nichts kann, sich in ihrem Subsystem selbst belohnt und ohne Kontakt zur sozialen Realität agiert. Zum anderen würde sich durch höhere Fluktuation mehr Sachverstand in der Politik versammeln, der *vor* dem politischen Leben erworben wurde und *nach* dem politischen Leben ebenfalls noch gefragt ist. Eine solche Umstellung würde auch den zeitlichen Druck aus der parlamentarischen Arbeit nehmen. Dann hätte auch der Wähler wieder mehr Zeit zu entscheiden, wen er mit einer Stimme belohnen will.

Werden solche Verlängerungen klug gehandhabt, könnten sich damit auch die einen oder anderen Dejustierungen beheben lassen, unter denen unsere Belohnungssysteme leiden. Patentrezepte sind dies nicht – aber es wäre gut, die Diskussion darüber zu eröffnen.

Anmerkungen

1 Warum man dieses Buch lesen sollte

1 Habermas (1969), S. 100.
2 Als Untergliederungen sind dies materiale Institutionen im Sinne von Max Weber. Vgl. Weber (1973).

2 Vom Lohn

1 Exodus 21, 23-24. Parallelstellen siehe Levitikus 24, 19 f. und Deuteronomium 19, 21; in Matthäus 5, 38 wird das Gebot dann aufgelöst.
2 Matthäus 5, 3-12.
3 Matthäus 20, 1-16.
4 Das entspricht einem doppelten bis einfachen Tagelohn für einfache Arbeiter. Für 1 Denar konnte man sich im Römischen Reich zu dieser Zeit ungefähr ein kg Rindfleisch oder einen Liter Wein kaufen. Ein Jahressold eines Arbeiters betrug ca. 200 Denar, der eines römischen Centurio bis zu 250 000 Denar. Vgl. Reiser (2000).
5 Der Arbeitstag dauert nach dem Protest der Arbeiter (Matthäus 20, 12) noch eine Stunde nach der elften Stunde, so daß im Weinberg danach ca. zwölf Stunden lang gearbeitet wurde.
6 Matthäus 20, 16.
7 Matthäus 5, 38-48, Lukas 6, 27-36.
8 In Klammer gesetzter Text als Lesehilfe durch den Übersetzer; vgl. Sure 2 (Die Kuh), 62:. In: Koran (2005), S. 113; vgl. auch andere Übersetzungen in Koran (1959, 1991).
9 Sure 2, 112.
10 Sure 2, 191.
11 Sure 2, 261.
12 Sure 2, 274, auch 276.
13 Sure 3 (Das Haus Imram), 136.
14 Also nach dem Weltgericht, vgl. Sure 3, 185.
15 Vgl. z. B. Sure 52 (Der Berg), 17-28, Sure 55 (Der Barmherzige), 54 ff.

16 Vgl. Chr. Wolff: Philosophia practica universalis (1738) § 295. Zit. nach Reiner (1971), Sp. 830.

17 Vernünftige Gedanken von des Menschen Tun und Lassen (1721) § 36. Zit. nach Reiner (1971), Sp. 830. Hervorh. von Chr. Wolff.

18 Vgl.: Eine Vorlesung Imanuel Kants über Ethik (1924), S. 63.

19 Diese könnte man als ein Maß bezeichnen, in das die notwendige Qualifikation, Kompetenz, Qualität, Flexibilität und Effizienz eingehen.

20 Diesen symbolischen, sprich informatorischen Charakter des Geldes hat Marx früh gesehen, auch wenn er noch mit einigen begrifflichen Unklarheiten ringt.: »... daß das Geld als Gold und Silber, soweit es nur als Circulations-Tauschmittel ist, durch jedes andre Zeichen ... das ein bestimmtes Quantum seiner Einheit ausdrückt, ersezt werden kann und so symbolisches Geld das reelle ersetzen kann, weil das materielle Geld als bloses Tauschmittel selbst symbolisch ist.« Vgl. Marx (1976) S. 140, Zeile 9-23.

21 Dies soll der römische Kaiser Vespasian gesagt haben, als er für die Benutzung öffentlicher Bedürfnisanstalten einen Nutzungsbetrag (Urinsteuer) einführte. Vgl. Suetonius (2001): De vita Caesarum, Vespasian, 23, 3.

22 Allerdings ist das Akzeptieren von Geld und auch das Akzeptieren einer als zuverlässig geltenden Information eine institutionelle Tatsache im Gegensatz zu einer natürlichen Tatsache, z. B. wie ein Regelkreis funktioniert oder ein Hebelgesetz angewendet werden kann. Karl Popper hatte diesen Unterschied unvergleichlich so illustriert: Man kann nicht mehr Münzen oder Geldscheine aus seiner Geldbörse herausnehmen, als tatsächlich drin sind (eine natürliche, physikalische Tatsache), man kann aber, wenn man entsprechend verhandelt, sein Bankkonto überziehen (eine institutionelle Tatsache). Vgl. Popper (1977) Bd. I, S. 70-71.

23 Vgl. ein früher Theoretiker des Geldes, Simmel (1900).

24 Zur Vereinfachung nehmen wir die Angaben des Statistischen Bundesamtes für das Jahr 2005. Der Vergangenheitswert entlastet von der tagespolitischen Diskussion. Im übrigen geht es bei der Rechnung um Verhältnisse, nicht um absolute Größen. Arbeiterhaushalt bedeutet hier, daß auch die Arbeitsleistungen mehrerer Personen zum Einkommen beitragen können. Vgl. Statistisches Bundesamt in: http://www.destatis.de/jetspeed/portal/cms/Sites/

destatis/Internet/DE/Presse/pm/2006/11/PD06_496_81,templateI d=renderPrint.psml.

25 Wir nehmen hier bewußt einen »bescheideneren« Wert. Zum Vergleich: Die Vergütung der Konzernchefs von einigen DAX-notierten Unternehmen: J. Ackermann von der Deutschen Bank 14,0 Millionen, D. Zetsche von Daimer 10,0 Millionen, W. Reitzle von der Linde-Gruppe 8,1 Millionen, K. Kleinfeld von Siemens-AG 6,0 Millionen, W. Bernotat von EON 5,3 Millionen. Quelle: www.zeit.de/online/2008/34/artikel-bg-managergehalt?14

26 Die Lösung bekommt man, wenn man die Verhältsgleichung $L_{Manager} / L_{Arbeiter} = (K_{Manager} \times t_{Manager}) / (K_{Arbeiter} \times t_{Arbeiter})$ nach dem gefragten Verhältnis auflöst. Da es um die Verhältnisse geht, ist es vergleichsweise uninteressant, ob man Brutto- oder Nettowerte in die Gleichung eingibt.

27 Jürgen Schupp, im SZ-Interview zum Thema: Das rechte Gehalt, (2005).

28 Vgl. www.zeit.de/online/2008/34/artikel-bg-managergehalt?14. Zugriff November 2008.

29 Vgl. Friedrich A. Hayek (2003), S. 228. Das Zitat stammt allerdings aus einem Aufsatz, der schon in seiner Freiburger Periode 1962-1969 entstand.

30 Radermacher (2008), S. 8; dort Hinweis auf: Statistisches Bundesamt: Arbeitnehmerentgelt mit Verbraucherpreis-, Unternehmens- und Vermögenseinkommen, bereinigt nach BIP, 15.1.2008.

31 Vgl. Schmidt, Schwalbach (2007), Abbildung 1, S. 119.

32 Wenn man das Jahreseinkommen eines Arbeiters im Römischen Reich von ca. 200 Denar ansetzt, das Gehalt eines Centurio jedoch bei 250 000 Denar gelegen haben soll (vgl. Anmerkung 4 im zweiten Kapitel), dann liegen die diskutierten Differenzen zwischen Arbeiter- und Managergehältern dagegen in eher bescheidenen Größenordnungen.

33 Vgl. Dath (2008), S. 25-27.

34 Vgl. Marx (1971): Lohn, Preis Profit. In: MEW Bd. 16, S. 131.

35 Arbeitsintensität ist ein schillernder Begriff – wir müßten ihn präzisieren: Härte des zu überwindenden Widerstandes, erforderliche Kompetenz, Übernahme von Risiko, Cleverneß, Tatkraft, Effizienz, gemessen in bewältigbare Arbeitsaufgaben pro Zeiteinheit. Auf der Nachfrageseite spricht Marx in diesem Zusammenhang

von »… dichtere Ausfüllung der Poren der Arbeitszeit, d.h. Kondensation der Arbeit«. Vgl. Marx (1977): Kapital I. In: MEW Bd. 23, S. 432

36 Die Anforderung an die Leistungen der sozialen Mindestsicherung sind im Sozialgesetzbuch II und XII festgeschrieben. Der Warenkorb wurde 1990 durch das »Statistikmodell« abgelöst, das sich nur am faktischen Konsumverhalten unterer Schichten orientiert (EVS = Einkommens- und Verbrauchsstichprobe des Statistischen Bundesamtes). Kritiker wie Stephan Leibfried (1995) wenden ein, daß Löhne als Maßstab für Mindestbedarfe ungeeignet seien.

37 Man beachte das Kuriosum, daß Löhne zuweilen von der Körpergröße abhängen: »Der schweizerische Durchschnittsmann ist 1.77 m gross, hat 11.5 Jahre Schulbildung, 23 Jahre Berufserfahrung und verdient im Jahr netto 74 000 Franken. Ist einer 10 cm grösser, bei gleich bleibenden andern Faktoren, verdient er 5235 Fr. mehr. Die Schweizer Durchschnittsfrau ist 1.65 m gross, hat 10.5 Jahre Schulbildung, 7.5 Jahre Berufserfahrung und verdient 57 800 Fr. 10 cm grösser bringen 3350 Fr. pro Jahr mehr. […] Auf Grund der Grösse wird auf Führungsstärke und Intelligenz geschlossen. Mit leistungsgerechtem Lohn hat dies aber nichts zu tun.« Vgl. Cash Nr. 20m vom 13. Mai 2004. S. 12-13. Zit. nach: http://www.brainworker.ch/Arbeit/gerLohn.htm. Bezug siehe: Gautschi, Hangartner (2006).

3 Was habe ich davon?

1 Unter einem Anreizsystem versteht die Betriebswirtschaft eine Menge bewußt gestalteter Arbeitsbedingungen, die bestimmte Verhaltensweisen verstärken und andere dagegen mindern sollen. Positive/negative Anreize können Belohnungen/Sanktionen sein. *Incentive*-Systeme sind immer am Unternehmensziel ausgerichtet und sollen die Kriterien Wirtschaftlichkeit, Transparenz, Gerechtigkeit, Flexibilität und Akzeptanz erfüllen. Vgl. Becker (1995), S. 197.

2 Vgl. Weinberg, Nickel (1989), S. 63.

3 Vgl. Gesetz über die Regelung des Zahlungsverkehrs vom 21.4.1950, Gesetzbl. DDR 1950, S. 355 ff. Siehe auch: Clement (1985).

4 Die erste Bedeutung des Begriffs findet sich in Hegels Enzyklopädie: »... das allgemeine Selbstbewußtseyn ist das affirmative Wissen seiner selbst im anderen selbst«. Vgl. Hegel (1999), § 436, S.432 – Die zweite Bedeutung von Selbstbewußtsein entwickelt Hegel in seiner Differenzschrift: »... In der empirischen Anschauung sind sich Subjekt und Objekt entgegengesetzt; der Philosoph faßt die Tätigkeit des Anschauens auf, er schaut das Anschauen an und begreift es hierdurch als eine Identität.« Vgl. Hegel (1979), Bd. 2, S. 52 f.

5 »Ethik – in geometrischer Weise behandelt in fünf Teilen«. Die Textstellen aus Spinozas Ethica werden zitiert nach Teil (pars I-V), Vorwort (praef.), Anhänge (app.), Definitionen (def.), Erläuterung (expl.), Axiom (ax.), Lehrsatz (prop.), Beweis (dem.), Zusatz (cor.), Anmerkung (schol.) oder Hilfssatz (lem.). Wiedergabe nach der Übersetzung von Jacob Stern nach Seitenzahlen in Spinoza Ethik (1975). Referenz zum lateinischen Text in Spinoza (1977).

6 »... eine der raffiniertesten Affektenlehre in der Philosophiegeschichte.« Vgl. Hampe, Renz, Schnepf (2006), S. 7.

7 Spinoza, pars III, praef., S. 156.

8 Vgl. die Hauptthese in der Dissertation von Handwerker-Küchenhoff (2006).

9 Spinoza pars V, prop. 4, schol., S. 359-360.

10 Spinoza pars III, prop. 9, schol., S. 169.

11 Die meisten der 48 Affekte lassen sich aufgrund der Beschreibung Spinozas in Paaren von Gegensätzen beziehungsweise als Positionen auf einer Skala beschreiben, die von entgegengesetzten Extremen aufgespannt wird. Affekte lassen sich negativ wie positiv, tätig oder erleidend deuten. Entsprechend ist die Tabelle aufgebaut.

12 Die Nummer in Klammern bezieht sich auf die Numerierung der Definition bei Spinoza, pars III, prop. LIX., def. 1-48, S. 232 ff.

13 Spinoza, pars III, prop. LIX, def. XLVIII, expl., S. 252 f.

14 Das MCL-System ist aus der *Area tegmentalis ventralis* (Mittelhirn), dem Hippocampus, dem frontalen Cortex sowie dem *nucleus accumbens*, aufgebaut. Letzteres wird auch *reward circuit* genannt. Vgl. Julien (1997). Vgl. auch Wolf (2003), insbes. S. 47. Schon 2003 hatten Forscher getestet, ob intensive Gefühle wie frische Verliebtheit diese Regionen stimulieren beziehungsweise durch Aktivierung solcher Regionen ebensolche Gefühle entstehen können. Ihre

Untersuchung mit bildgebenden Verfahren bestärken sie in dieser Hypothese. Vgl. Fisher, Aron, Brown u. a. (2003).

15 Diese Substanz ist ein Neurotransmitter, der von den *substantia nigra* im Hirnstamm in den *caudate nucleus*, in das Striatum und in die frontale Hirnrinde (über der Augenhöhle) (orbitofrontaler) Cortex gesendet wird. Dopamin spielt eine entscheidende Rolle bei Drogensucht, nichtstofflichen Süchten, bei Schizophrenie und Parkinsonkranken; vgl. Snyder (1996).

16 Ziel solcher Untersuchungen ist letztlich, auf psychophysiologischer Grundlage ein Medikament zu entwickeln, das die Dopaminausschüttung bei falschen Belohnungen wie Drogen verhindert oder dämpft. Vgl. Bozarth (1994).

4 Belohnungen

1 Das kann der vielzitierte Kleintierzüchterverband, aber auch das Nobelpreis-Komitee sein.

2 Gerade das letzte Beispiel würde eine subjektivierende Redeweise von Natur verlangen, die außerhalb der Tiefenökologie (*deep ecology*) wohl nur noch als metaphorisch gelten mag.

3 Siehe Anmerkung 17 im ersten Kapitel, Wolff (1721), § 36, zit. nach Reiner (1971), Sp. 830.

4 Vgl. Chr. Wolff (1738) § 295, zit. nach Reiner (1971), Sp. 830.

5 Erschien als Teil einer umfangreicheren Abhandlung über Lohn und Strafe: Bentham, Jérémie: »Théorie des peines et des récompenses«. 3ième ed., T II, Paris 1826. Der englische Part: »Rationale of Rewards« wurde erst nach seinem Tod separat veröffentlicht (1825 resp. 1853). Benthams Werk wird im folgenden zitiert nach Benthams »The Rationale of Reward« (1825) (RR), Buch (book), Kapitel (chap.), ggf. §§ oder Abschnitte (sect.) sowie Seitenzahl.

6 Bentham RR, book I, Preliminary Remarks, S. 192. Diese und folgende Übersetzungen vom Verf.

7 Bentham RR, book I, chap. I, Definitions, S. 192.

8 Bentham RR, book I, chap. II, S. 193.

9 Bentham RR, book I, chap. I, Def., sect. 1-6, S. 193.

10 Bentham RR, book I, chap. II, S. 193.

11 Bentham RR, book I, chap. II, S. 194.

12 Bentham RR, book I, chap. II, sect. 1, S. 194.

13 »*The matter of wealth. – Money, or money's worth, is by much the most common stuff of which rewards are made; and in general the most suitable of which they can be made …*« Vgl. Bentham RR, book I, chap. II, S. 194.

14 Bentham RR, book I, chap. II, sect. 3, S. 195. Unter gewissen Umständen ist die Anstellung in öffentlichen Ämtern aber doch als Belohnung für Dienste anzusehen.

15 Bentham RR, book I, chap. II, sect. 3, S. 195.

16 Bentham RR, book I, chap. II, sect. 4, S. 196.

17 Bentham RR, book I, chap. II, sect. 4, S. 197. Man muß diese Symmetrisierung zum Strafrecht vor dem Hintergrund der Benthamschen Position zum Recht sehen. Er ist einer der ersten Vertreter des Rechtspositivismus, d.h. er trennt klar Moral und Recht, und dies erlaubt ihm auch, in der Strafe keinen Ausgleich für vergangenes Unrecht zu sehen, sondern ihre Funktion, künftiges Unrecht zu verhindern. Damit wird dessen präventive bis abschreckende Funktion hervorgehoben.

18 Bentham RR, book I, chap. VII, sect. 1, S. 207.

19 Bentham RR, book I, chap. VII, sect. 2-3, S. 207.

20 Bentham RR, book I, chap. VII, sect 4, S. 207

21 Bentham RR, book I, chap. VIII, sect. 1, S. 208. Dabei schließt er den Versuch der Anstiftung zu einer ungesetzlichen Handlung aus.

22 Bentham RR, book I, chap. VIII, sect. 1, S. 208.

23 Bentham RR, book I, chap. VIII, S. 208.

24 Bentham RR, book I, chap. VIII, sect. 1, S. 209.

25 Bentham RR, book I, chap. VIII, sect. 1, S. 208-209.

26 Bentham RR, book I, chap. VIII, sect. 1, S. 209.

27 Bentham RR, book I, chap. VIII, sect. 2, S. 209.

28 Bentham RR, book I, chap. VIII, sect. 4, S. 210.

29 Bentham RR, book I, chap. VIII, sect. 5, S. 210.

30 Bentham RR, book I, chap. VIII, sect. 8, S. 211.

31 Bentham RR, book I, chap. IX, S. 212. Preise für Erfindungen sind nach Bentham, wenn sie Patente ersetzen, verlorenes Geld: Für den Erfinder, wenn er für ein Patent mehr als die Belohnung bekommen hätte, für die Öffentlichkeit, wenn er mehr bekommen hat, als er für ein Patent bekommen hätte.

32 Bentham RR, book I, chap. IX, S. 212-213.
33 Bentham RR, book I, chap. IX, S. 212.
34 Bentham RR, book I, chap. X, S. 213.
35 Bentham RR, book I, chap. X, S. 214.
36 Vgl. Bentham RR, book I, chap. X, S. 214.
37 Bentham nennt ganz ungeniert die Gehälter von Lordkanzler, Vorsitzenden der verschiedenen Gerichte und Richter. Unter den Anwälten sind die Gehälter weitaus höher. Es ist klar, wohin die guten Juristen und diejenigen, die es zu werden hoffen, tendieren. Vgl. Bentham RR, book I, chap. X, S. 215.
38 Bentham RR, book I, chap. X, S. 215.
39 Bentham RR, book I, chap. X, S. 215-216
40 Vgl. Sue (1843). In Heft VII der Allgemeinen Literaturzeitung druckte der Kritiker Franz Szeliga Zychlin von Zychlinski (1816-1900), kurz Franz Szeliga, eine Kritik ab (vgl. Szeliga, 1984), auf die sich Marx und Engels im Kapitel VIII ihrer Polemik: »Die heilige Familie oder Kritik der kritischen Kritik« beziehen. Vgl. Marx (1980), MEW 2, S. 172-221. Die dortige Anspielung auf Bentham bezieht sich auf die französische Ausgabe: Bentham, Jérémie: Théorie des peines et des récompenses. 3ième éd., T II, Paris 1826. Vgl. ibid. Anmerkung 3, S. 141. Die Tabelle auf S. 201 ist eine Systematisierung der im Roman genannten Gedanken durch Marx und Engels.
41 Vgl. Marx (1980), MEW 2, S. 192. Herv. bei Marx.
42 Vgl. Marx (1980), MEW 2, S. 201. In eckigen Klammern [...] stehen die Übersetzung der franz. Termini nach MEW 2, S. 201.
43 In direkter Analogie zu den beliebten Titeln in der Strafrechtsliteratur: Die Straftat und ihr Aufbau, vgl. Wessels, Beulke (2007).
44 Man unterscheidet dabei individuelle Rechtsgüter, Rechtsgüter der Allgemeinheit und universelle Rechtsgüter. Vgl. Wessels, Beulke (2007), S. 1-6.
45 Es gibt weitere Strafzwecke wie die Sühne: Bei der Sühne versöhnt sich der Täter durch die akzeptierte Strafe mit der gebrochenen Rechtsordnung.
46 Vgl. z. B. die Forderung I. Kants nach der Todesstrafe als ultimate Kompensation: Vgl. Kant (1797): Die Metaphysik der Sitten, S. 455.
47 G. W. Hegel sieht die Strafe als Aufhebung; vgl. Hegel (1986): Grundlinien der Philosophie des Rechts. Bd. 7, S. 187.

48 Dem steht eine relative Strafzwecktheorie gegenüber, die auf präventive Wirkung und Verbrechensverhütung zielt. Da hier der Kompensationsgedanke fehlt, gibt es auch keine aus diesem Zweck heraus inhärente begründbare Begrenzung für das Maß der Strafe. Vgl. Wessels, Beule (2007), S. 4f.

49 Vgl. Kant obige Stelle: Die Metaphysik der Sitten (1797), S. 455.

50 Ibid.

51 Deshalb darf die bescheidene Abwehr des Preisträgers, er habe doch nur seine Pflicht getan, lediglich als nette Bescheidenheit bis hin zur Heuchelei gelten.

52 Daß manche Preisträger den Preis ablehnen, weil sie die verleihende Instanz nicht bejahen, kommt gelegentlich vor und zeigt, daß diese Bejahung nicht selbstverständlich ist.

5 Vom Ausgleich

1 Dieser Satz ist der einzige, der von Anaximander (611-546 v. Chr.) im Wortlaut erhalten ist, er findet sich zitiert in der Schrift des Simplicius zur Aristoteles Physik. Vgl. Capelle (1963), S. 82, Fragment 21, dies entspricht bei Diels, Kranz dem Fragment 12 A9. Eine etwas andere Übersetzung der Stelle gibt Diels unter Verweisung auf Euripides, Chrysipp fr. 839, 13: »Das Unterliegende dem Überlebenden und dieses wieder, untergehend, dem künftigen Entstehenden«. Zit. nach Capelle (1963), Fußnote 4, S. 82.

2 Vgl. Compe (1994).

3 Für abgeschlossene physikalische Systemen kann man beispielsweise die Erhaltung der Energie, des Impulses und des Drehimpulses formulieren – dies sind Größen, die man messen und quantitativ definieren kann. Sie haben Mengencharakter – obwohl Energie unterschiedliche Formen annehmen kann, die man ineinander umwandeln kann, bleibt ihre Gesamtsumme in einem abgeschlossenen System konstant.

4 Vgl. Vogt (1964), S. 1. Er bezieht sich dort auf das Jahr 1913.

5 Es gab auch künstlerische Bedenken. Charly Chaplin soll gesagt haben: »Tonfilm? Ich verachte ihn (...) Er zerreißt böse das große, schöne Schweigen.« Vgl. Deutsches Museum (2009) http://www.

deutsches-museum.de/sammlungen/ausgewaehlte-objekte/meisterwerke-v/tonfilmprojektor/

6 An den Schweizer Rechtsanwalt A. Curtis für eine Million Franken und eine 10%-Gewinnbeteiligung. Bis 1925 arbeiteten sie für die dortige TRIERGON A.G. als Angestellte für 1000 Franken im Monat an der weiteren Verbesserung des gesamten Systems. 1927 erwarb die FOX die TRIERGON-Rechte für die USA. Vgl. Vogt (1964).

7 Vgl. »ton + video Report«-Ausgaben 2/2002-1/2004.

8 Weitere Quellen in Auswahl: Völz (2005), Brodmerkel (1953), Jossé (1984), Polzer (2001).

9 Ausgangspunkt war das Problem, eine gute Tonqualität über Telephonleitungen zu bekommen, z. B. um Reporter die Möglichkeit zu geben, direkt ins Sendestudio übertragen zu können. Solche Direktschaltungen waren in Analogtechnik ziemlich aufwendig und teuer. Die Digitalisierung erforderte aber, um die geringe Bandbreite einer Telephonleitung auch ausnutzen zu können, ein Kompressionsverfahren der digitalen Daten. Vgl. Focus Campus Interview mit Jürgen Herre vom 21.2.2007 In: http://www.focus.de/wissen/campus/interview_aid_28437.html

10 1979 entwickelte ein Team um Prof. Dieter Seitzer an der TU Erlangen-Nürnberg den ersten Audiosignalprozessor, der ein digitalisiertes Audiosignal komprimieren konnte. Damit war eine der wesentlichen Grundlagen gelegt, als Seitzer 1985 Direktor des Fraunhofer-Instituts für Integrierte Schaltungsentwurf (IIS) in Erlangen wurde. Auch danach kamen alle Beteiligten (Heinz Gerhäuser, Harald Popp, Ernst Eberlein, Jürgen Herre, Bernhard Grill und Karl-Heinz Brandenburg) aus der Technischen Universität Erlangen-Nürnberg. Grill, Herre und Eberlein erhielten bereits 1992 den hoch angesehenen, aber nur mit damals 4000 DM dotierten Joseph-von-Fraunhofer-Forschungspreis für ihre Arbeiten, im selben Jahr wurde der MPEG Layer 3 international als Standard verabschiedet. Zwischenzeitlich war 1998 Gerhäuser als Nachfolger von Dieter Seitzer Institutschef des IIS geworden, Brandenburg wurde Abteilungsleiter, später auch Popp, Grill, und Herre, Eberlein wurde Gruppenleiter. Zum Verständnis: Die Beförderung in hierarchische Stellen eines FhG Instituts geschieht weniger nach akademischen Graden und Titeln, sondern

nach der Fähigkeit, Forschungs- und Projektmittel zu akquirieren.

11 Es gab und gibt allerdings noch komplizierte Lizenzstreitigkeiten.

12 Die Haupteinnahmen der Patente und Lizenzen gehen nach dem Arbeitnehmererfindungesetz an den Arbeitgeber der Erfinder; die Erfindervergütungen liegt, wenn der Arbeitgeber die Erfindung verwertet (§§ 9 ff.), bei 30 % der Bruttoverwertungseinnahmen (nach § 42, Nr. 4). Zuweilen ist es üblich, zur Verwertung auch Firmen auszugründen. In der Regel sind neben den Mitarbeitern meist auch Mitglieder der Hierarchie an solchen Firmen beteiligt oder deren Gesellschafter.

13 Bei Autoren soll es ähnliche Strukturen geben ...

14 εὕρεκα (*heureka*), gr.: ich habe es erkannt.

15 Vgl. nochmals Bentham RR, book I, chap. II, sect. 4, S. 196.

6 Kompensation

1 Vgl. die Systematik bei Compe (1994).

2 Vgl. z. B. die Vision von Fromm (1980), insbes. Kap. 8, S. 161-165.

3 Vgl. Matthäus 5, 26. Lukas 15, 59. Cent steht hier für lépton, die damalige kleinste griechische Münze.

4 Dieser kommt bei Spinoza als der Affekt 27 vor. Vgl. Spinoza pars III, prop. LIX, def. XXVII, S. 242. Siehe auch drittes Kapitel.

5 Vgl. die Affekte (20) und (5) in Tabelle 1. Spinoza (1975), pars III, prop. LIX, S. 229-252.

6 Vgl. Hegel (1986): Grundlinien der Philosophie des Rechts, Bd. 7, § 98, S. 186.

7 Vgl. die Affekte (25), (30) und (44) in Tabelle 1.

8 Einschließlich der Steigerung der Moral und der Loyalität sowie Verringerung von Fehlzeiten oder innerer Kündigung, generell Förderung des Teamgeistes. Zuweilen versteht man unter *incentives* auch die Marketingmaßnahmen, Kunden durch Prämien, Events oder Sachgeschenken zu binden und zum Kauf anzureizen.

9 Der Begriff wird in verschiedenen Bereichen unterschiedlich verwendet: Neben der Bedeutung als variable Lohnkomponente kann er auch eine kostenlose Zugabe bezeichnen, die dem Kunden nachträglich für einen bestimmten Umsatz gewährt wird; die ein-

fachste Form ist der Rabatt. Bei Versicherungen werden Schadensfreiheitsrabatte oder Überschußbeteiligungen zuweilen auch als Boni bezeichnet. Die Bonusmeilen der Fluggesellschaften gehören ebenfalls in die Kategorie der Rabatte. Ansonsten gilt frei nach Wilhelm Busch: »Rabatte werden, laß Dir sagen, / meistens vorher draufgeschlagen.«

10 Kritik hierzu z. B. in Fallgatter, Breitsohl (2006), Härtel, Zimmermann (2004), Härtel (2008), Freiburg (2005).

11 Vgl. etwa Ogger (1995).

12 Die Bekenntnisse der Beteiligten werden da mittlerweile ehrlicher. Vgl. Blodget (2009): »Ich habe mehr Erfahrung mit Finanzübertreibungen, als ich irgendjemand wünschen möchte. Und ich glaube, ich werde noch viele weitere erleben.«

13 Daher ist auch das Modell des rational sich verhaltenden *homo oeconomicus* in der sozialen Realität kaum haltbar. Kritik siehe Groß (1999), insbes. I. Teil; Priddat, Hengsbach, Ulrich (1998). Über altruistisches Verhalten, Teilen und Helfen siehe beispielsweise Sigmund, Fehr, Nowak (2006).

14 Dafür gab es den Nobelpreis für Wirtschaftswissenschaften 1994 an Reinhard Selten. Vgl. auch Selten (1975), »Reexamination of the Perfectness Concept for Equilibrium Points in Extensive Games«, der in der preisgekrönten Arbeit altruistische und suboptimale Handlungsstrategien modelliert.

15 Nach Savage (1954). Vgl. auch Spohn (1978), S. 41 ff. So geht das Grundmodell der Entscheidungstheorie von der gegebenen Situation und der schon bestehenden Auswahlmöglichkeiten von Alternativen aus. Man berechnet nach Bayes (1764), »Solving a problem in the doctrine of chances«, den Erwartungswert des Nutzens einer jeden Alternative, d. h., man versucht die Alternative herauszufinden, die bei der vorgegebenen Wahrscheinlichkeitsverteilung der kontingenten Umstände immer noch einen maximalen Nutzen verspricht. Man kann die Situation auch spieltheoretisch modellieren, vgl. Luce, Raiffa (1957).

16 Die Spieltheorie, wie sie von John von Neumann und Oskar Morgenstern (1944), ursprünglich als eine Entwicklung der militärisch orientierten Kybernetik, formuliert wurde, beschreibt Konfliktsituationen in Abhängigkeit der Handlungsoptionen, die die Beteiligten haben (Spielzüge oder Strategien) und den obwaltenden

Regeln. Als Spiel wird nicht der tatsächliche Verlauf eines Konflikts oder einer Spielpartie angesehen, sondern die Charakteristik der konfliktuösen oder antagonistischen Situation.

17 Das Minimax-Theorem und die Existenz von Sattelpunkten wurden 1928 von J. von Neumann bewiesen.

18 Vgl. auch Luce, Raifa (1957).

19 Dieses sog. Nash-Gleichgewicht ist gekennzeichnet durch einen Satz von Strategien (Handlungspaar – für jeden Spieler einen) mit der Eigenschaft, daß kein Spieler durch einseitiges Abweichen von seiner Strategie einen Vorteil erzielen kann. Bei Spielen der Art des Gefangenendilemmas gibt es mindestens ein Nash-Gleichgewicht. Benannt nach John Nash (1950), dem Nobelpreisträger für Wirtschaftswissenschaften (zusammen mit Reinhard Selten 1994), der weiteren Kreisen durch den Spielfilm von Ron Howard »A beautiful Mind« (USA 2001) bekannt geworden ist.

20 Nichtkooperative Spiele resultieren deshalb häufig in Situationen, in denen es keine Allokation gibt, bei der nicht mindestens einer »der Dumme ist« (sog. pareto-ineffiziente Gleichgewichte).

21 Vgl. Hofstädter (1988). Man könnte es auch formulieren als: »Wie du mir, so ich dir«, allerdings mit dem Zusatz, daß man selbst nicht mit dem Betrügen beginnt.

22 Das bedeutet zunächst, daß man eine Zahlenskala mit einem Nullpunkt und einem negativen Ast hat, und zwischen den Werten eine Relation besteht wie »größer als …« besteht (sog. Halbordnung).

23 Vgl. auch Kornwachs (1996).

24 Dies ist bei der Korruption interessanterweise nicht die Regel. Die Geldsummen, die bei Korruption fließen, unterscheiden sich in der Regel vom sonstigen Einkommen nicht so üppig, als daß man sich ernsthaft vorstellen kann, daß beispielweise ein Ministerialbeamter wegen einer Summe, die vielleicht einigen Monatsgehältern entspricht, seine Reputation, Altersversorgung und ggf. bürgerliche Existenz aufs Spiel setzt. Die Antwort der Korruptionsforschung lautet: Es geht weniger ums Geld, sondern um das Gefühl, auf gleicher Augenhöhe mit dem bestechenden Großmagnaten zu sein. Vgl. Priddat (2005) in Jansen, Priddat (2005), dort weitere Beiträge.

25 Der Vorwurf lautet, daß die Soziobiologie auf dem sog. naturalistischen Fehlschluß aufbaue: Man kann nicht vom Sein auf das

Sollen schließen. Im Rahmen der formalen Logik ist das richtig, pragmatischerweise verwenden wir solche Schlußformen im Alltag jedoch ständig. Das ist sehr verführerisch, wissenschaftlich-methodisch aber nicht haltbar.

26 Nietzsche (1967): Jenseits von Gut und Böse, 222, S. 112.

27 Vgl. Platon: Politeia, Erstes Buch 336a-354c. Thrasymachos stellt die entscheidende Frage, warum man sich überhaupt moralisch verhalten soll, sei das Gesetz doch nur zum Schutze der Schwachen da. Es sei aber von Vorteil, wenn man der Stärkere ist, sich nicht an das Gesetz zu halten.

28 Vgl. z.B. Wuketits (2002) in Kap. 5, S. 82-93, zum reziproken Altruismus.

29 Adam Smith (2004), »Theorie der ethischen Gefühle« Erster Teil, erstes Kapitel S. 1.

7 Gerechtigkeit

1 Vgl. Haywood (1954, S. 365 f.), entnommen aus Klaus (1968), S. 102 ff.

2 Wie man sich am folgendem Beispiel klarmachen kann: A würfelt mit einem Würfel und verdeckt das Ergebnis, nimmt es aber zur Kenntnis, so daß B nicht weiß, was gewürfelt wurde. Hat A gerade gewürfelt, darf er vom B 1 € verlangen, hat er ungerade gewürfelt, muß er an B 1 € zahlen. Selbstverständlich kann A bluffen. B kann aber die Kontrolle verlangen oder akzeptieren. Wenn B die Kontrolle verlangt und recht hat, muß B an A 2 € als Strafe für das Mißtrauen bezahlen. Wenn A gelogen hat, muß A an B 2 € Strafe für seine Lüge bezahlen. Das Spiel hat keinen Sattelpunkt. Vgl. Klaus (1968), S. 108 ff.

3 Vgl. das Gleichnis von Weinberg, Matthäus 20, 1-16, sowie das Gleichnis vom verlorenen Sohn: Ein Sohn büchst aus, verjubelt das von Vater ausgezahlte Vermögen und kehrt gescheitert als Schweinehirt zurück. Der Vater richtet zur Heimkehr ein großes Fest aus. Der andere Sohn, der ihm jahrelang treu gedient hat, begehrt gegen diese Ungerechtigkeit auf. Lukas 15, 11-32.

4 Aristoteles in der Nikomachischen Ethik, 5. Buch, 1129a ff.; bzw. Rawls (1979).

5 δικαιοσυνη (dikaiosüne), gr. *iustitia,* lat.

6 Vgl. Aristoteles Nik Eth. 5 Buch, Kap. 3, 1129 b 13-1130 a 14.

7 Dieser Subjektcharakter in Form der Unsichtbaren Hand (*invisible hand*) taucht als *terminus technicus* bei Adam Smith: Der Wohlstand der Nationen (1776), IV. Buch, Kap. II. auf. Diese Vorstellung gilt jedoch nur für die theoretische Idealbedingung, daß sich der Markt in einem stabilen Gleichgewicht befindet. Dies sind rein theoretische Modellierungen. Vom Markt ist daher weder Gerechtigkeit noch sonst eine irgendwie geartete Moralität zu erwarten.

8 Vgl. z. B. Füllsack (2002), eine Kritik hierzu vgl. Dath (2008), S. 42-44, wonach ein solches Bürgergeld entweder letztlich die Inflation antreibe oder ein Schwundgeld für eine ausgegrenzte Gruppe darstelle.

9 Vgl. Kornwachs (1992).

8 Belohnungssysteme

1 Dieses Vokabular formuliert nur um, was wir an soziologischen Erkenntnissen, normativen Vorgaben und Wunschdenken hineinstecken, die Systemtheorie allein sagt noch nichts über die Welt aus. Das kann manchmal irreführend sein – insbesondere dann, wenn man das Vokabular benutzt, das in anderen Anwendungsgebieten der Systemtheorie bereits erfolgreich und präzise definiert worden ist: Mathematik, Technik- und Naturwissenschaften. Zu dieser Abgrenzung der Terminologie in N. Luhmanns Soziale Systeme (1984) und anderen Arbeiten siehe auch Obermeier (1988), Ropohl (1979, 1999). Eine generelle Kritik der Unart in Sozial- und Geisteswissenschaften, sich Vokabular aus Mathematik, Natur- und Technikwissenschaften zu borgen und sie metaphorisch zu verwenden, siehe Sokal, Bricmont (1999).

2 Der Herrscher möchte geliebt sein. Vgl. Machiavelli (1986): Der Fürst. Der Machtmensch als Typus wird als unabhängig von Anerkennung (Ahrend 1970), von Selbstzweifeln, unter Umständen auch vom Geld beschrieben.

3 Vgl. Ahrend (1970).

4 Die schönste Umschreibung fand ich bei der Untersuchung zur Technikfolgenabschätzung des deutschen geplanten Raumglei-

terprojekts »Sänger«: *Transutilitäre Aspekte* seien für die BRD von nicht unerheblicher Bedeutung. Sogenannte transutilitäre Gesichtspunkte bei nationalen und internationalen Raumfahrtprogrammen abstrahieren vom unmittelbaren ökonomischen Nutzen auf volkswirtschaftlicher oder gar betriebswirtschaftlicher Ebene und bringen Prestigeüberlegungen und letztlich anthropologische Argumente mit ins Spiel. Vgl. Paschen u. a. (1992).

5 J. Bentham: An introduction to the principles of morals and legislation X, § 2, nr. 9-12; § 3, nr. 29. und X, § 3, nr. 31-34; II, nr. 19.

6 Vgl. Immanuel Kant: Grundlegung zur Metaphysik der Sitten (1785). BA 64, Bd. 7, S. 59.

7 H. Sidgwick: The Methods of Ethics. London (1962) S. 202-204; 362-372.

8 Motive spielen in der herkömmlichen Psychologie eine große Rolle, da sie zur Erklärung der Variabilität von Verhalten herangezogen werden. Ihre Benennung in Form von unterscheidbaren Bedürfnissen schwankt in der Literatur erheblich, vgl. z. B. Ruch, Zimbardo (1975), S. 288.

9 Vgl. Reiss (2000), dessen Untersuchung auf ca. 100 000 Befragungen basiert.

10 Einige Hinweise aus der Liste sind entnommen aus http://www.little-idiot.de/his/reiss.htm und den 16 Lebensmotiven von S. Reiss zugeordnet, mit eigenen Ergänzungen.

11 Ist jemand intrinsisch motiviert, wird er entsprechende Freude an der Tätigkeit haben, die der Motivation entspricht – er belohnt sich in gewisser Weise durch die Tätigkeit selbst. Wird jemand für etwas belohnt, was er auch noch gerne tut, dann kann der sog. Überrechtfertigungseffekt dafür sorgen, daß eine extrinsische Belohnung für intrinsisch motivierte Aufgaben zu einer Abwertung des Interesses an der Aufgabe führt. Man nennt das auch einen »Korrumpierungseffekt«. Zuviel des Guten kann also einen inversen Effekt haben. Vgl. Deci (1975).

12 Spinoza, pars III, prop. LIX, def. X, S. 236.

13 Spinoza, pars III, prop. LIX, def. XI, S. 237.

14 Machiavelli (1986) hat das in seinem Werk »Der Fürst« (Il Principe) hervorragend und immer noch lesenswert analysiert.

15 Vgl. Ahrend (1970).

16 Dann ist Macht aber keine Belohnung mehr.

17 Vgl. Machiavelli (1986), Fünftes Kapitel, S. 19 ff.

18 Zusammengesetzt mit der Bedeutung: sich selbst (*autòs*) das Gesetz (*nómos*) geben wollen, nach dem sie handeln, im Gegensatz zur Heteronomie, dem Gesetz durch andere.

19 Niedergeschlagenheit und Demut, vgl. Spinoza pars III, prop. LIX, def. XXVI, S. 241.

20 Verzweiflung, vgl. Spinoza pars III, prop. LIX, def. XV, S. 238.

21 Spinoza pars III, prop. LIX, def. XXVII, S. 242.

22 Spinoza pars III, prop. LIX, def. XVII, S. 239.

23 Kleinmut, vgl. Spinoza pars III, prop. LIX, def. XXIX., S. 244.

24 Der Affekt Selbstzufriedenheit ist nach Spinoza die Lust, die daraus entspringt, wenn der Mensch sich selbst und sein Tätigkeitsvermögen betrachtet (Spinoza pars III, prop. LIX, def. XXV, S. 241), und wenn er es ohne Zweifel tut, ist es die Zuversicht (def. XIV, S. 238). Gemäßigter Stolz ist, aus Liebe zu sich selbst eine vielleicht etwas größere Meinung von sich haben, als recht ist. Zuviel wäre Hochmut (def. XXVIII, S. 242).

25 Im Sinne der Affekte I und II, Spinoza pars III, prop. LIX, def. I und II, S. 232.

26 So Robert J. Oppenheimer, der entscheidende Entwickler der ersten Kernwaffe gegenüber Edward Teller, angeblich nach dem Protokoll vor dem Sicherheitsausschuß der amerikanischen Atomenergiekommission. Vgl. das dokumentarische Stück von Heinar Kipphard (1964/1982), das auf diesem Protokoll basiert, S. 255 unten; übersetzt in: »... wunderschöne Ideen«. Vgl. auch seine Aussage in Jungk (1964), S. 273. Enrico Fermi wird die Aussage zugeschrieben: »Laßt mich in Ruhe mit Euren Gewissensbissen, das ist doch so schöne Physik.« Vgl. Jungk (1964), S. 187.

27 Vgl. Vogt (2004).

28 Vgl. Georg Wilhelm Friedrich Hegel: Phänomenologie des Geistes – Selbständigkeit und Unselbständigkeit des Selbstbewußtseins; Herrschaft und Knechtschaft. In: Hegel (1999), S. 109.

29 Spinoza pars III, prop. LIX, def. IV, S. 234.

30 Spinoza pars III, prop. LIX, def. V, S. 235

31 Das gleiche gilt für Gruppen, Vereine, generell Zweckgemeinschaften etc.

32 Spinoza pars III, prop. LIX, def. XXXII, S. 245.

33 Platon Theaitetos 149a-151d.

34 »Die Maschine ist das […] Ideal männlicher Zeugung […] Jede Maschine, sei sie noch so primitiv, hat die Doppeldeutigkeit; Nachahmung weiblichen Gebärens, in zweifelsfreier männlicher Form, nämlich: gradlinig, eindeutig, berechenbar, gefühllos, sprachlos.« Zit. nach Haubl (2004), S. 185. Bezug nach dortiger Anm. 24: Hoffmann-Axthelm (1982), S. 33.

35 Vgl. Greif (1996), Sagbiehl (2007). Diese Dominanz hat auch einen historischen Grund: Es ist die Verknüpfung von Ingenieurwesen und Männlichkeit, die aus der gewordenen Verknüpfung von männlich geprägtem Militär und der quasi militärisch organisierten Entwicklungen der ingenieurswissenschaftlichen Erfindungen herrührt. Vgl. Döge (2002, S. 32-36). Vgl. auch Greif (1990).

36 Z. B. mangelnde Kühnheit, vgl. Spinoza pars III, prop. LIX, def. XL, S. 248 oder Ängstlichkeit, ibid. def. XLI, S. 248.

37 Habsucht, nach Spinoza pars III, prop. LIX, def. XLVII, S. 250; zur Sehnsucht vgl. Spinoza pars III, prop. LIX, def. XXXII, S. 245.

38 So waren auch große Geister wie Sigmund Freud oder Johann Wolfgang von Goethe extreme Sammler.

39 Vgl. Max Weber (1986): Protestantische Ethik …, Kap II, Abs. 1 S. 84 ff., der sich auf Calvin bezieht, insbes. S. 105 ff.

40 Meisterhaft ausgeführt bei Max Weber (1986, S. 192 f.).

41 Vgl. Spinoza, pars III, prop. LIX, def. XXXIV, S. 247.

42 Vgl. Spinoza, pars III, prop. LIX, def. XXXV, S. 247.

43 Vgl. Spinoza, pars III, prop. LIX, def. XXXVI, S. 247.

44 Vgl. Spinoza, pars III, prop. LIX, def. XXXVII (s. Zusatz II zu Lehrsatz 40 dieses Teils mit seiner Anmerkung), S. 247.

45 Im Wortsinn – so lange, bis es genug ist, genug »bezahlt«, ausgeglichen worden ist.

46 Vgl. Spinoza, pars III, prop. LIX, def. XXXVIII, S. 247.

47 Immanuel Kant ließ es an Deutlichkeit nicht fehlen: »Hat er aber gemordet, so muß er sterben. Es gibt hier kein Surrogat zur Befriedigung der Gerechtigkeit. Es ist keine Gleichartigkeit zwischen einem noch so kummervollen Leben und dem Tode, also auch keine Gleichheit des Verbrechens und der Wiedervergeltung, als durch den am Täter gerichtlich vollzogenen, doch von aller Mißhandlung, welche die Menschheit in der leidenden Person zum Scheusal machen könnte, befreieten Tod.« Vgl. I. Kant: Metaphysik der Sitten (1797), in: Kant (1968), Bd. 8, S. 455.

48 Vgl. Spinoza pars III, prop. LIX, def. XLVIII: Lüsternheit, S. 250.

49 Vgl. Platon: Symposium 218e-219a.

50 Wenn heute Bordellbesuche als Belohnungen angeboten werden, um, wie in der VW-Affäre, Betriebsräte unternehmerfreundlich zu stimmen (vgl. Selenz (2005), dann wird dies allerdings weniger wegen des Umstands der bezahlten »Liebe« skandalisiert, sondern wegen des Vorgangs selbst, der nach Bestechung riecht. So werden zuweilen zusätzliche erotische Gratifikationen Teil von Provisionen, außervertraglichen Zuwendungen oder sogar Statussymbolen – in unterschiedlichen Kulturen wird das auch unterschiedlich, mal offen, mal versteckt, gehandhabt. Hier sind sie klar Bestandteile heteronomer Belohnungen.

51 Vgl. zweites Kapitel sowie Koran, Sure 52 (Der Berg), 17-28, Sure 55 (Der Barmherzige), 54 ff.

52 Das erotische Streben führt den Liebenden über die Schönheit der Gestalt zu geistig Schönen und zu Idee des Schönen, die er in einer Schau erkennt und beglückt. Vgl. Platon: Symposium 210-211e.

53 Vgl. Immanuel Kant: Kritik der Urteilskraft (1790), I, 1.1. §2, S. 116 ff.

54 Vgl. Spinoza pars III, prop. LIX, def. XXXII, S. 245.

55 Vgl. Spinoza pars III, prop. LIX, def. IV, Bewunderung (s. Lehrsatz 52 dieses Teils mit seiner Anmerkung), S. 234.

56 Werner Heisenberg in seinem Gespräch mit Albert Einstein In: Heisenberg (1969), S. 99. Vgl. auch andere Stellen in Heisenberg (1971), S. 91-98.

57 Vgl. Spinoza pars III, prop. LIX, def. II: Lust.

9 Falsch eingestellt

1 Vgl. Fischer (2006), S. 13, 16 ff. Dieser Codebegriff hat zunächst mit der Informationstheorie und Kommunikationstheorie wenig zu tun. Er stellt lediglich eine Worthülse dar für die in der Sozialwissenschaft verwendete Bedeutungsvielfalt von symbolischen Zuweisungen von Bildern, Begriffen, Metaphern, Analogien etc. zu leitenden Vorstellungen, die in einer Gemeinschaft oder Gesellschaft das Handeln beeinflussen. Trotz der Vagheit des Begriffs

kann man ihn sinnvoll in dem einen oder anderen Zusammenhang abkürzend verwenden.

2 Vgl. Pribram (1992), Bd. 2, S. 1145 ff., auf den ich mich bei dieser Darstellung stütze.

3 Ökonomische Werte sind von Werten in der Ethik wohl zu unterscheiden.

4 Siehe die Erörterung der Gerechtigkeitsbegriffe im siebten Kapitel. Zur Illustration: Im Alten Testament ist es ungerecht und daher verboten, von seinem Bruder Zinsen zu verlangen, vgl. Leviticus 25, 35-37, von einem Ausländer hingegen wohl, vgl. Deuteronomium 23, 20-21. »Der Gerechte leiht nicht gegen Zins und treibt keinen Wucher.« Vgl. Ezechiel 18, 8, auch 18, 13 und 17.

5 Dazu kommt, daß schon nach Aristotelischer Ansicht Geldverleih gegen Zinsen wider die Natur des Geldes sei, weil der Gewinn nicht aus der Verwendung des Geldes, also dem Tausch, sondern aus dem Geld selbst stamme: »Zins ist aber Geld, gezeugt vom Geld.« Aristoteles Politik Buch I, Kap. 10, 1258b. Hier entsteht etwas, was sich dem Kompensationsgedanken *prima facie* widersetzt. Dies übernimmt auch Thomas von Aquin, der damit das mittelalterliche Wucherverbot bekräftigt, vgl. Summa Theologiae, Buch 1, Teil 2, quaest. 78,7.

6 Genauer: Aus der Beobachtung, daß bei Verfolgen des Prinzips der Gewinnmaximierung in den beobachteten Bereichen eine Effizienzsteigerung erfolgt ist, wird geschlossen, daß die Gewinnmaximierung ein wirksames obwaltendes Prinzip im objektiven Wirtschaftsgeschehen sei. Es erhält den Rang eines universalen Urteils wie bei Naturgesetzen. Daraus wird dann verkündet, als normativer Satz, daß man Wirtschaftsstrukturen nach dem Gewinnmaximierungsprinzip ausrichten solle. Hier wird vom Sein auf das Sollen, und das auch noch induktiv, geschlossen.

7 Vgl. den Übergang von der Aristotelischen poietischer Haltung, die mit dem Hervorbringen von Produkten einhergeht, die man aus dem Herstellprozeß ablösen kann (vgl. Aristoteles Nikomachische Ethik 1140 a 1-1140 b 30) – bis hin zur Kritik der instrumentellen Vernunft bei Horkheimer (1985).

8 Vgl. Smith, Adam: Der Wohlstand der Nationen (1776), IV. Buch, Kap. II.

9 Der Grundirrtum besteht darin zu glauben, daß es Systeme als

solche gäbe; Systeme sind jedoch lediglich modellfunktionale Beschreibungen für die epistemischen Funktionen, Erklärung, Prognose, Simulation und für die pragmatische Funktion, Steuerungen und Regelungen zu entwerfen. Allerdings haben sie eine ontologische Bindung: Es erweist sich als geeignet, Modelle gerade so und nicht anders zu konzipieren. Damit hat die Systemtheorie eine gewisse Zwitterstellung zwischen einer reinen Theorie der Deskription und einer Theorie dessen, was so beschrieben werden kann. (Vgl. Kornwachs 1987, S. 9.)

10 Vgl. Studien von Hartmann, Kopp (2001), Hartmann (1997). Dies bestätigt wiederum den Verdacht, daß Managergehälter eher als Apanage für die Zugehörigkeit zu einer bestimmten Klasse anzusehen sind.

11 Das gilt auch *mutatis mutandis* für die geforderten Kürzungen von Managergehältern und Deckelungen von Boni: Wenn von den 12 Millionen Euro pro Jahr nur noch zwei übrigbleiben, oder von 2 Millionen noch 500 000 Euro, dann kann man wohl noch nicht von Verelendung sprechen. Wenn ein Ingenieur mit einem 4000 € Nettomonatsgehalt arbeitslos wird und nach einem Jahr nur noch Hartz IV erhält, dann muß man wohl – nicht nur sozial und ökonomisch – von einem tiefen Sturz sprechen.

12 Ein schönes Beispiel für diesen Unfug stellt die Geschichte der Privatisierung der Deutschen Bahn dar: Durch die Pulverisierung in mehr als 40 Einzelunternehmen hat jede dieser »Firmen« zu erfüllende Kennzahlen, deren Gewicht, Bedeutung und Erfüllungsmöglichkeiten sich naturgemäß mit der Zeit verschieben. Man kann das schön an der Kooperation zwischen Fernstrecken und Regionalverkehr sehen – beide haben für sich spezifische Vorgaben über Pünktlichkeitsquoten, die sie ohne Rücksicht auf Verspätung der Anschlußmöglichkeiten zu erfüllen versuchen. Um ihre jeweiligen Pünktlichkeitsstatistiken zu verbessern, warten die Züge von Nahverkehr und Fernverkehr bei viel zu eng getaktetem Fahrplan (um möglichst viel Gleiszeit für den Güterverkehr rauszuholen) nicht mehr oder nur selten aufeinander. Beschwerden der Fahrgäste abzuwehren und mögliche Entschädigungen sind nach dieser Rechnung billiger.

13 Vgl. Zoglauer (1993).

14 Die Wirksamkeit des Peer-Review-Prozesses ist in neuerlichen

Diskussionen heftig bestritten worden. Je höher die Abweisungsraten durch Gutachter sind, um so mehr wird eine Zeitschrift als »streng« angesehen. Da die Abweisungsraten in erster Linie von der Seitenzahl des Journals abhängig sind, sind solche Zuschreibungen reine Fiktion. Fröhlich (2006) verweist auf Studien, wonach die »Peers« nur einen Bruchteil von Fehlern erkannt haben, die von Wissenschaftsforschern absichtlich in Manuskripte eingebaut wurden. Ja selbst nochmals eingereichte Papiere wurden nicht erkannt. Vgl. auch Peters, Ceci (1982).

15 Man wolle Leistung belohnen und sagte, die bisherigen Gehälter der Professoren seien für Spitzenleistung in der Forschung viel zu gering. Heraus kam die W-Besoldung mit einem Grundgehalt für einen habilitierten Wissenschaftler, der einem Anfangssalär eines Studienrats entspricht, und der leistungsorientiert dann von der jeweiligen Fakultät angehoben werden sollte. Die herzlich kollegialen Debatten um die Verteilung der Beute kann man sich vorstellen. – Die Dekane sind mittlerweile so klug und verlegen sich auf die Gleichverteilung des wenigen nach dem Gießkannenprinzip, um halbwegs den Frieden in ihren Fakultäten zu wahren.

16 Eine Aufzählung findet sich in English (2005), S. 323 ff.

17 Dazu zählt die Anpassung an die thematische Fragestellung des jeweiligen Instituts, die Vermeidung exotischer Forschungsthemen, Anpassung an die jeweils herrschende Lehrmeinung als der Meinung der dort Herrschenden, Zurückhaltung in öffentlichen Angelegenheiten, bevor nicht der Chef in den Medien ins richtige Licht gerückt worden ist.

18 Aus dem Gedicht: Die Wissenschaft. Vgl. Morgenstern (1974), S. 24.

19 Daß totalitäre Systeme wie faschistische und kommunistische Diktaturen versucht haben, Wissenschaft politisch in ihren Griff zu bekommen, ist selbstredend so – diese Verformung hin zu einer parteilichen Wissenschaft, zur Kriegsforschung oder auch der nationalsozialistisch usurpierten Rassenforschung seien hier als Beispiele erwähnt. Den Bogen zu aktuellen Entwicklungen schlagen z. B. Bultmann, Schmithals (1994). Generelle Diskussion vgl. Fischer (2006).

20 Man denke an die Forderungen der Fachhochschulen, das Recht zur Promotion zu erhalten.

21 Alle Länderhaushalte aller Jahre sind öffentlich zugänglich. Man

muß nur die Ausgaben unter der gleichen Rubrik Jahr um Jahr vergleichen – dann sieht man, welche prozentualen »Steigerungs«raten diese Aufwendungen erfahren haben.

22 Fast überflüssig zu sagen, daß die Technikphilosophie diesen pragmatisch verkürzten Verstehensbegriff nicht teilt: Wir können keine Sonnen bauen, haben aber ziemlich gut verstanden, welche Prozesse in ihnen ablaufen. Umgekehrt stoßen wir jeden Tag erfolgreich und zielgerichtet Prozesse an, die wir nicht verstehen. Wir können auch Kuchen backen, ohne die Biochemie des Backpulvers verstanden zu haben. Gewölbe bauten die alten Römer ohne die mathematischen Kenntnisse der finiten Elemente und der computerunterstützen Statik.

23 Vgl. Friedrich (2001).

24 Z. B. der mit 250 000 € dotierte »Preis des Bundespräsidenten für Technik und Innovation – aus Ideen Erfolge machen – für die Menschen – für das Land«. Vgl. Statuten des Deutschen Zukunftspreises, in: http://www.deutscher-zukunftspreis.de/index.php?q=/content/statuten

25 Siehe Werteoktogon bei der VDI-Richtlinie zur Technikbewertung 3780; vgl. VDI Düsseldorf (1991). Entsprechend ist die Gewichtung dieser Werte, die zu Prüfkriterien werden und dann als Indikatoren dienen, abhängig von den Interessen des Prüfenden.

26 Vgl. Homepage des Stifterverbands für die Deutsche Wissenschaft (2009), Forschungsfragen.

27 Dies meist in Form von Vertretern der Industrie, die an der Verwertung ein natürliches und durchaus legitimes Interesse haben.

28 In Anlehnung an den in der technischen Mechanik verwendeten Begriff »formschlüssig«. Damit wird angedeutet, daß sich die Gestaltung von Technik in der Regel nach den Machtverhältnissen anpaßt, sie zuweilen aber auch verändern kann. (Mündliche Mitteilung von Jürgen Seetzen, Diskussion auf dem Workshop »120 Jahre Technikphilosophie«, Lehrstuhl Technikphilosophie, BTU Cottbus, Oktober 1997.)

29 Unter organisatorischer Hülle verstehe ich hier all die Co-Systeme, die funktionieren müssen, damit ein technisches Gerät seine Funktion entfalten kann. Ohne ein Straßenverkehrssystem, einer Straßenverkehrsordnung samt Gerichtsbarkeit, ohne Proliferation von Benzin, Ersatzteilen, Programmen für die Steuerung etc. ist

ein Auto lediglich ein hübsch hergerichteter Haufen aus Blech, Gummi, Glas, Metall und Computerchips, mit dem man nicht von A nach B fahren kann. Die meisten Fälle von »technischem Versagen« sind Fälle des Versagens der organisatorischen Hülle einer Technik.

30 Vgl. Nobel (1981).

31 Vgl. Ropohl (2002).

32 Vgl. Ropohl (2002).

33 Ropohl erhebt die Forderung, neben der Akkumulation des Kapitals auch die Akkumulation der Kaufkraft global zu ermöglichen. Allerdings gibt er gleichzeitig zu bedenken, daß wachsender Produktivität und Konsum mit nachhaltiger Entwicklung letztlich nicht verträglich sind; vgl. Ropohl (2002).

34 Der Begriff der Informatisierung sollte nicht mit dem Begriff der Digitalisierung verwechselt werden. Informatisierung meint die Diffusion der Informations- und Kommunikationstechniken in alle Bereiche der Technik und der Organisation hinein. Die Digitalisierung, d.h. die Umwandlung und Ersetzung analoger Signale durch diskrete erleichtert eine digitale Codierung der Signale und damit eine Weiterleitung und Verarbeitung durch Rechenprozesse.

35 Nora, Minc (1979).

36 Das allein gibt schon in einer ersten Schätzung über 500 Möglichkeiten, die dann über eine Menüführung softwaretechnisch abgebildet werden müssen.

37 Vgl. Hilberg (1986).

38 Vgl. Herzog, Schildthauer (2009).

39 Wie sie Günther Ropohl gefordert hat, vgl. Ropohl (1991).

40 Vgl. Ahrend (1970).

41 Daher hat die Demoskopie zunehmend eine Rolle in der Politik bekommen. Umfrageergebnisse steuern das Verhalten von Politik und Politikern mit.

42 Dies gilt z.B. für die Abstimmung über Parteiprogramme oder berührt auch das Problem des Fraktionszwangs.

43 Eigen Sierke, der spätere Chefredakteur der Braunschweigschen Landeszeitung, leitete mit diesem Satz eine Prospektbeilage mit dem Titel: »Eine Zeitung für Nichtpolitiker« ein, die das »Blatt für die Gebildeten aller Stände« an Neujahr 1882 versandte.

44 Frei nach Julius Raab, Politiker (1891-1964).

45 Ohne Nachweis: Diese Äußerungen werden Helmut Schmidt, Altbundeskanzler von 1973 bis 1982, nachgesagt.

46 Das Spannungsverhältnis von Recht und Moral können wir hier nicht ausführlich erörtern – verwiesen sei auf Kornwachs (2000), insbes. S. 126-128.

47 Dies sind im Grundgesetz (GG) § 1, Abs. 1-3, § 20, Abs. 1-3.

10 Wenn sich die Systeme gegenseitig in die Quere kommen

1 Mehr biblisch auch Matthäus-Effekt genannt, nach Matthäus. 13,12. Parallel dazu vgl. Matthäus 25,29; Markus 4,25; Lukas 8,18; 19,26.

2 Man könnte dies an Literaturpreisen, Preisen für die Wissenschaft bis hin zum Nobelpreis, an den Bonisystemen in der Wirtschaft bis hin zu Orden und Ehrenzeichen durchspielen.

3 Produzentenhaftung ist eine verschuldensabhängige Haftung des Produzenten für die Schäden, die ein fehlerhaftes, von ihm in Verkehr gebrachtes Produkt verursacht. Grundlage hierfür siehe BGB § 823 (Schadensersatzpflicht). Davon ist die Produkthaftung zu unterscheiden, die den Produzenten für die gesundheitlichen, körperlichen oder sachlichen Schäden eines von ihm hergestellten Produkts verantwortlich macht; siehe Produkthaftungsgesetz (ProdHaftG). Die Produkthaftung in USA ist einzelstaatlich geregelt und durch die exorbitant hohen Schadenersatzansprüche bekannt geworden.

4 So hat sich die Gesetzgebung noch in den 80er Jahren schwergetan, beispielsweise Software als patentfähig anzusehen. Vgl. Kornwachs (1992). Es gab auch immer wieder Probleme, wie man die Echtheit von Zertifikationen im E-Mail-Verkehr, den Datenschutz, die zulässige Tiefe kryptographischer Verfahren, das Urheberrecht und das Vertragsrecht regeln kann. Vgl. einen Überblick bei Roßnagel (2009).

5 Seinerzeit durch die Managerkritiker Laurence Peter und Raimond Hill halb ironisch-britisch, halb besorgt analysierend eingeführt; vgl. Peter, Hull (2000).

6 Hinzu kommt das Alimentierungsprinzip. Es besagt, daß es sich bei einem Beamtengehalt nicht um eine leistungs- oder bemühens-

orientierte Entlohnung handelt, sondern um eine Vergütung, die einen den Aufgaben des Beamten angemessenen Lebensstandard sichern soll.

7 Dieser Mechanismus funktioniert auch quer über andere Subsysteme hinweg: Positionen von Aufsichtsräten, Geschäftsführer von staatseigenen Unternehmungen etc. bieten sich häufig an. Das berühmte Wegloben hat hier ebenfalls seinen Platz. Entsprechende Seilschaften sorgen dafür, daß abgehalfterte Politiker und Funktionsträger in der Regel weich fallen.

8 Eine Möglichkeit besteht in der Regel nur bei großen Firmen, die es sich leisten können: Versager werden auf Posten abgeschoben, die einen brimborialen Namen, ein hohes Gehalt und minimale Entscheidungsbefugnis aufweisen. Man nennt das im Jargon auch Frühstücksdirektoren. Es gibt in der Politik bekanntlich ähnliche Strukturen.

9 Daß die Nettoreallöhne in den letzten Jahren gefallen sind, hängt neben der Inflation, Preissteigerungen und Anstieg der Abgaben auch damit zusammen, daß Teilzeit, Kurzarbeit, prozentual pro Betrieb ausgehandelter Lohnverzicht bei Arbeitsplatzgarantie etc. das Gesamtlohnaufkommen mindern – die nominellen Tarifabschlüsse sind eine monoton steigende Funktion.

10 Vgl. Derlien (2000, 2004).

11 Vgl. Groß (1999).

12 Vgl. Dath (2008), S. 17.

13 Der Neoliberalismus galt im Gegensatz zum Ordoliberalismus allein schon durch das Gewicht der eingeheimsten Wirtschaftsnobelpreise als dominante Richtung wirtschaftlichen Denkens.

14 Vgl. Weizsäcker, E.U. (1990), S. 6.

15 Vgl. Weizäcker E.U. (1990), ibid.

16 Diese Frage stellt Bertold (2004), S. 55.

17 Vgl. Fischer (2006), S. 9.

18 Vgl. Fischer (2006), S. 11, z.B. die sog. Feigheitsklausel für Forscher.

19 Vgl. Fischer (2006), S. 12.

20 ≠ Ökonomie eines Landes oder dessen wirtschaftliches System.

21 Vgl. Piper (1996), Vorwort zu: Zeitpunkte (1996), S.3.

22 Genauer: «There Ain't No Such Thing As A Free Lunch«, abgekürzt TANSTAAFL. Vielfach popularisiert von Milton Friedman

und anderen und als Mahnspruch in vielen Lehrbüchern der Wirtschaftwissenschaften zu finden, geht es auf ein Buch des kanadischen Ökonomen Pierre Dos Utt (1949) zurück.

23 Man kann leicht die Versprechungen der Politiker mit den tatsächlich verabschiedeten Haushalten vergleichen. Die Ausgaben für Forschung pro Kopf betrugen in 2001 für die BRD 511 US-$, für USA 794 US-$ und für Japan 715 US-$. Auch heute krebst der FuE-Anteil für Forschung am Bruttosozialprodukt immer noch in der Nähe der 2,5%-Marke (Jahr 2006 ca. 2,54%); vgl. Genesis Daten Bank Statistisches Bundesamt, Wissenschafts- und Technologieindikatoren. In: https://www-genesis.destatis.de/genesis/online

24 Um Mißverständnisse zu vermeiden: Drittmittel werden nicht dem Forscher persönlich, sondern der Finanzverwaltung der Institution, in der er arbeitet, zugeteilt. Der Forscher bekommt ein Gehalt, eventuell mit Erfolgszulagen. Die Drittmittel werden für Sachkosten und Personalkosten für Projektmitarbeiter verwendet.

11 Was man tun könnte

1 Vgl. Weisser (1978), S. 574.

2 Vgl. Ulrich (2000).

3 Vgl. Ulrich (2000).

4 Vgl. Freiburg (2005), Fußnote 1.

5 Ich sage bewußt *gemacht*, weil ich davon ausgehe, daß sich solche Systeme zwar evolutionsartig entwickeln, aber die Intentionen der Beteiligten eine große Rolle spielen und diese Entwicklung massiv beeinflussen. Insofern sind wir als Gestaltende solcher Belohnungssysteme auch für ihre Wirkungen verantwortlich.

6 Das VDI-Werteoktogon in der VDI-Richtlinie 3780 Technikbewertung (1991) beinhaltet Gesellschaftsqualität, gesamtwirtschaftlicher und einzelwirtschaftlicher Wohlstand, Funktionsfähigkeit, Sicherheit, Gesundheit, lokale und globale Umweltverträglichkeit und Persönlichkeitsqualität (Nennung nicht in wertender Reihenfolge). Diese Werte lassen sich unterlegen mit Kriterien und Indikatoren für ihre Erfüllung in einem operationalisierbaren Verfahren.

7 Man denke an das imperiale Geschäftsgebaren gewisser Softwarefirmen.

8 Zu dieser Forderung siehe die Beiträge in Lenk, Maring (2001).

9 Diese Einsicht ist wirklich nicht neu, nur muß sie jeder Generation von Staatsbürgern neu vermittelt werden. Bereits bei Platon entsteht der Staat durch Arbeitsteilung; vgl. Platon Politeia, 2. Buch, 369e-370a, b – bis hin zu Thomas Hobbes und John Lockes *social contract.*

10 Proportional zum Umsatz zu entlohnen funktioniert nur bei Firmen, die so wachsen, daß mit steigendem Umsatz auch der Gewinn wächst. Das ist alles andere als eine Selbstverständlichkeit.

Literatur

Arendt, Hannah, Macht und Gewalt, München: Piper 1970, S. 45-58; auch in: Kondylis, P., Der Philosoph und die Macht. Eine Anthologie, Hamburg: Junius 1992.
Aristoteles, Nikomachische Ethik, übers. von Eugen Rolfes, bearb. von Günther Bien, in: Aristoteles Philosophische Schriften, Bd. 3. Hamburg: Meiner 1995.
Aristoteles, Politik, in: Aristoteles Philosophische Schriften, Bd. 4. Hamburg: Meiner 1995.

Bayes, Thomas, An essay towards solving a problem in the doctrine of chances, in: Philosophical Transactions of the Royal Society 53 (1764), S. 370-418.
Becker, Friedrich G., Anreizsysteme als Führungsinstrumente, in: Kieser, A. (Hg.), Handwörterbuch der Führung. 2. Aufl., Stuttgart 1995, Sp. 34-45.
Bentham, Jeremy, An introduction to the principles of morals and legislation (1781), Kitchener: Batoche Books, 2000.
Bentham, Jeremy, The Rationale of Reward (London, J. & H. L. Hunt, 1825), in: The Works of Jeremy Bentham, Published under the Superintendence of His Executor, John Bowring. Volume II. Edinburgh: William Tait, London: Simpkin, Marshall & Co., 1843. Vgl. auch: http://files.libertyfund.org/files/1921/0872.02_Bk.pdf
Bertold, A. M., »Sein Tun ist eine Zier, ...«, in: FAZ Nr. 152 vom 3. Juli 2004, S. 55.
Blodget, Henry, Die nächste Blase kommt, in: DIE ZEIT Nr. 10 vom 26. Februar 2009, S. 28.
Bozarth, M. A., Pleasure systems in the brain, in: D. M. Warburton (ed.), Pleasure: The politics and the reality, New York: John Wiley & Sons 1994, S. 5-14.
Brodmerkel, Karl, Die Geschichte Triergons, in: Bild und Ton Nr. 5 (1953) ff.
Bultmann, Antje, Schmithals, Friedemann (Hg.), Käufliche Wissenschaft. Experten im Dienst von Industrie und Politik, München: Knaur 1994.

Capelle, W. (Hg.), Die Vorsokratiker. Die Fragmente und Quellenberichte, Stuttgart: Kröner 1963.
Clement, Hermann, Geld im Sozialismus, in: Lutz, Peter Christian, Kuppe, Christian, Johannes v., DDR Handbuch, hg. vom Bundesministerium für innerdeutsche Beziehungen, 2. Aufl., Köln 1979; 3. Aufl., 2 Bde., Bonn 1985, S. 438-445.
Compe, O. C., Von der Risikologie zum Sicherheitskonzept, in: Banse, G., Bechmann, G. (Hg.), Symposium – Aktuelle Tendenzen in der Risikoforschung. Disziplinäre Ansätze – interdisziplinäre Perspektiven. Dokumentation, Cottbus/Karlsruhe, November 1994, S. 12-41.

Dath, Dietmar, Maschinenwinter. Wissen, Technik, Sozialismus. Eine Streitschrift, Frankfurt/Main: Suhrkamp 2008.
Deci, E. L., Intrinsic motivation, New York: Plenum 1975.
Derlien, Hans-Ulrich, Leistungsbelohnung ohne Leistungsbeurteilung?, in: Forschung & Lehre (2000), S. 235-37.
Derlien, Hans-Ulrich, Retrograde Modernisierung: Bürokratisches Leistungsprinzip und Managerialistisches Belohnungssystem, Vortrag auf dem Symposion der Landesakademie für öffentliche Verwaltung Brandenburg »Was wird aus dem öffentlichen Dienst?«, 13. Mai 2004.
Döge, Peter, Zwischen »Scientific Warrior« und »Mathematischem Mann« – Technik und Wissenschaft im Spiegel kritischer Männerforschung, in: Technikfolgenabschätzung, Nr. 2/11. Jahrgang – Juli 2002, S. 32-36.
Dos Utt, Pierre, TANSTAAFL: a plan for a new economic world order, Canton (OH): Cairo Publications 1949.

English, James, F., The Economy of Prestige, Cambridge (MA): Havard University Press 2005.

Fallgatter, Michael, Breitsohl, Heiko, Zur Diskussion um ausufernde Managergehälter. Arbeitspapiere des Fachbereichs Wirtschafts- und Sozialwissenschaften, Nr. 207, Wuppertal, November 2006.
Fischer, Klaus, Wahrheit, Konsens und Macht. Systemische Codes und das prekäre Verhältnis zwischen Wissenschaft und Politik in der Demokratie, in: Fischer, Klaus, Parthey, Heinrich (Hg.), Gesellschaftli-

che Integrität der Forschung, Wissenschaftsforschung Jahrbuch 2005, Berlin: Gesellschaft für Wissenschaftsforschung 2006, S. 9-58.
Fisher, Helen, Aron, Arthur, Brown, Lucy u. a., Scientists Uncover Neurobiological Basis for Romantic Love, Trust, and Self; also Discover Brain Areas involved in Understanding Intentions of Others, in: Release 11/10/2003 of Society for Neuroscience – http://www.sfn.org/index.cfm?pagename=news_11102003c
Freiburg, Susanne, Lohngerechtigkeit – Managergehälter in der Kritik. Trier: Verlag Dr. Müller 2005.
Friedrich, Käthe, Planziel »Erfinden«! Gesellschaftliche und theoretische Entwicklung des Erfindungs- und Neuererwesens in der DDR, in: Banse, Gerhard, Müller, Hans-Peter (Hg.), Johann Beckmann und die Folgen, Münster u. a.: Waxmann 2001, S. 219-241.
Fröhlich, Gerhard, »Informed Peer Review«: Ausgleich der Fehler und Verzerrungen? In: Hochschulrektorenkonferenz HRK (ed.), Von der Qualitätssicherung der Lehre zur Qualitätsentwicklung als Prinzip der Hochschulsteuerung? Bonn 2006, S. 193-204. Siehe auch: http://eprints.rclis.org/8493/1/0510informedpeer.pdf
Fromm, Erich, Haben oder Sein. Die seelischen Grundlagen einer neuen Gesellschaft, München: dtv 1980, 6. Aufl.
Füllsack, Manfred, Leben ohne zu arbeiten? Zur Sozialtheorie des Grundeinkommens, Berlin: Awinus-Verlag 2002.

Gautschi, Thomas, Hangartner, Dominik, Size Does Matter. Körpergrösse, Humankapital und Einkommen, in: Soziale Welt 3 (2006), S. 273-294.
Gesetz über die Regelung des Zahlungsverkehrs vom 21.4.1950, in: Gesetzblatt der Deutschen Demokratischen Republik 1950, S. 355 ff.
Goethe, Johann Wolfgang, Faust, Erster Teil, in: Goethe, Werke, 3. Bd. Frankfurt/Main: Insel, 1966.
Greif, Monika, (Militär)Technik, Macht und Männlichkeit oder: Der Krieg ist der Vater aller Dinge, in: Janshen, Doris (Hg.), Hat die Technik ein Geschlecht? Denkschrift für eine andere technische Zivilisation, Berlin: Orlanda Frauenverlag 1990, S. 53-56.
Greif, Monika, Ingenieurinnen: Daniela Düsentrieb oder Florence Nightingale der Technik, in: Schriftenreihe/NUT – Frauen in Naturwissenschaft und Technik 3, Mössingen-Talheim: Talheimer Verl. 1996.

Groß, Steffen W., Volkswirtschaftslehre ist Kulturwissenschaft – Ökonomik zwischen theoretischer Fiktion und kultureller Realität, Würzburg: Königshausen & Neumann 1999.

Habermas, Jürgen, Technik und Wissenschaft als Ideologie, in: Habermas, J. (Hg.), Technik und Wissenschaft als Ideologie, Frankfurt/Main: Suhrkamp 1969, S. 48-103.

Hampe, Michael, Renz, Ursula, Schnepf, Robert, Einleitung, in: Hampe, Michael; Schnepf, Robert (Hg.), Klassiker auslegen: Ethik von Baruch de Spinoza, Berlin: Akademie Verlag 2006, S. 1-16.

Handwerker-Küchenhoff, Barbara, Spinozas Theorie der Affekte: Kohärenz und Konflikt, Würzburg: Königshausen & Neumann 2006.

Härtel, Hans-Hagen, Zimmermann, Jochen (u. a.), Managergehälter in der Kritik, in: Wirtschaftsdienst, Heft 6, Juni 2004, S. 347-362.

Härtel, Hans-Hagen, Ärgernis Managergehälter, in: Wirtschaftsdienst, Heft 1, Januar 2008, S. 4.

Hartmann, Michael, Kopp, Johannes, Elitenselektion durch Bildung oder durch Herkunft? Promotion, soziale Herkunft und Zugang zu Führungspositionen in der Deutschen Wirtschaft, in: Kölner Zeitschrift für Soziologie und Sozialpsychologie 53 (2001), S. 436-466.

Hartmann, Michael, Soziale Öffnung und soziale Schließung. Die Deutsche und Französische Wirtschaftselite zwischen 1970 und 1995, in: Zeitschrift für Soziologie 26 (1997), S. 296-311.

Haubl, Rolf, Neidisch sind immer nur die andern. Über die Unfähigkeit, zufrieden zu sein, München: C.H. Beck 2004, 3. Aufl.

Hayek, Friedrich A., Freiheit, Gesetz und Gerechtigkeit. Kap. 9: Soziale oder austeilende Gerechtigkeit. Tübingen: Mohr, Siebeck 2003, S. 213-252.

Haywood, O. G., Military Decisions and Game Theory, in: Journal of the Operation Research Society of America 2 (1954) S. 365 ff.

Hegel, Georg Wilhelm Friedrich, Differenz des Fichteschen und Schellingschen Systems der Philosophie, in: Georg Wilhelm Friedrich Hegel, Werke. Bd 2. Auf der Grundlage der Werke von 1832-1845 neu edierte Ausgabe. Redaktion Eva Moldenhauer und Karl Markus Michel, Frankfurt/Main: Suhrkamp 1979.

Hegel, Georg Wilhelm Friedrich, Grundlinien der Philosophie des Rechts, in: Georg Wilhelm Friedrich Hegel, Werke, Bd. 7. Auf der Grundlage der Werke von 1832-1845 neu edierte Ausgabe. Redaktion

Eva Moldenhauer und Karl Markus Michel, Frankfurt/Main: Suhrkamp 1986.
Hegel, Georg Wilhelm Friedrich, Encyclopädie der Philosophischen Wissenschaften im Grundrisse (1830), in: Hauptwerke in sechs Bänden. Bd. 6. Hamburg: Meiner 1999.
Hegel, Georg Wilhelm Friedrich, Phänomenologie des Geistes, in: Hauptwerke in sechs Bänden, Bd. 2. Hamburg: Meiner 1999.
Heisenberg, Werner, Die Bedeutung des Schönen in der exakten Naturwissenschaft, in: Bayerische Akademie der Schönen Künste (Hg.), Ensemble 2, Oldenbourg, München 1971, S. 228-243.
Heisenberg, Werner, Der Teil und das Ganze. Gespräche im Umkreis der Atomphysik, München: Piper 1969.
Herzog, Otthein, Schildhauer, Thomas (Hg.), Intelligente Objekte. Technische Gestaltung – Wirtschaftliche Verwertung – Gesellschaftliche Wirkung. acatech diskutiert, Berlin, Heidelberg: Springer 2009.
Hilberg, W., Mikroelektronik – tiefere Einsichten in ihre Dynamik durch einfache Modelle, in: Physik in unserer Zeit 17 (1986), S. 18-28.
Hoffmann-Axthelm, D., Stichwort: Technik und Sozialisation, in: Ästhetik und Kommunikation 48 (1982), S. 20-23.
Hofstädter, Douglas R., TIT FOR TAT – Kann sich in einer Welt voller Egoisten kooperatives Verhalten entwickeln? In: Spektrum der Wissenschaft – Digest: Kooperation und Konkurrenz 1/1998, S. 60-66.
Horkheimer, Max, Kritik der instrumentellen Vernunft. Fischer, Frankfurt/Main 1985.
Howard, Ron (Regie), »A beautiful Mind«, Spielfilm, USA 2001.

Jossé, Harald, Die Entstehung des Tonfilms, Freiburg, München 1984.
Julien, R. M., Drogen und Psychopharmaka, Heidelberg: Spektrums-Verlag 1967.
Jungk, Robert, Heller als tausend Sonnen, Reinbeck bei Hamburg: Rowohlt 1964.

Kant, Immanuel, Eine Vorlesung Immanuel Kants über Ethik, hg. v. P. Menzer, Pan: Berlin 1924.
Kant, Immanuel, Grundlegung zur Metaphysik der Sitten (1785), in: Kant, I. Werkausgabe, hg. v. W. Weischedel, Bd. VII, Frankfurt/Main: Suhrkamp 1996.

Kant, Immanuel, Die Metaphysik der Sitten (1797), in: Kant Werkausgabe, hg. v. W. Weischedel, Bd. VIII, Frankfurt/Main: Suhrkamp 1996.

Kant, Immanuel, Kritik der Urteilskraft (1790), in: Kant Werkausgabe, hg. v. W. Weischedel, Bd. X, Frankfurt/Main: Suhrkamp 1996.

Kipphard, H., In der Sache J. Robert Oppenheimer, in: Spectaculum – Moderne Theaterstücke 7, Frankfurt/Main: Suhrkamp 1964, Reprint 1982.

Klaus, Georg, Spieltheorie in philosophischer Sicht, Berlin: VEB Verlag der Deutschen Wissenschaft, 1968.

Koran, übers. von L. Ullmann, neu bearb. von L. W. Winter, München: Goldmann 1959.

Koran, übers. von M. Henning. Stuttgart: Reclam Jun. 1991.

Koran, übersetzt von Rudi Paret, Kohlhammer, Stuttgart 2005, 7. Aufl.; auch: Digitale Bibliothek Bd. 46, CD-ROM, Berlin: Directmedia 2009.

Kornwachs, Klaus, Offene Systeme und die Frage nach der Information, Habilitationsschrift, Fakultät für Philosophie, Universität Stuttgart 1987.

Kornwachs, Klaus, Entscheidungsunterstützung und Entscheidungsersetzung, in: Computer und Recht 8 (1992) S. 44-49.

Kornwachs, Klaus, Kleine Philosophie des Teilens, in: Bausteine der Philosophie 5 (1996), Schriftenreihe des Humboldt-Studienzentrums für Geisteswissenschaften der Universität Ulm: Ulm 1996, S. 71-120.

Kornwachs, Klaus, Das Prinzip der Bedingungserhaltung – eine ethische Studie. Münster: Lit Verlag 2000.

Leibfried, Stephan, Reform der Sozialhilfe aus der Sicht der Wissenschaft, in: Zeitschrift für Sozialreform 41 (1995/6), S. 64-84, auch in: http://library.fes.de/fulltext/asfo/00689004.htm

Lenk, Hans, Maring, Martin (eds.), Advances and Problems in the Philosophy of Technology. Technikphilosophie Bd. 5, Münster-London: Lit 2001.

Luce, Robert D., Raiffa, Howard, Games and Decisions. Introduction and Critical Survey, New York: Wiley 1957.

Luhmann, Niklas, Soziale Systeme, Frankfurt/Main: Suhrkamp 1984.

Machiavelli, N., Der Fürst (Il Principe, dt.-italienisch), Stuttgart: Reclam 1986.

Marx, Karl, Engels, Friedrich, Werke (MEW). Berlin: Dietz 1956 ff.

Marx, Karl, Die heilige Familie oder Kritik der kritischen Kritik, in: MEW, Bd.2 , Berlin: Dietz 1980, S. 172-221.

Marx, Karl, Lohn, Preis, Profit., in: MEW, Bd. 16, Berlin: Dietz 1971, S. 131.

Marx, Karl, Das Kapital, Kritik der politischen Ökonomie, Band I: Der Produktionsprozeß des Kapitals. In: MEW, Bd. 23, Dietz, Berlin 1977.

Marx, Karl, Engels, Friedrich (unter Mitarbeit von Brušlinskij, Vladimir, Vygodskij, Solomonovič): Ökonomische Manuskripte von 1857/58. Grundriss der Kritik der Politischen Ökonomie. Erster Teil. II. Das Kapitel vom Geld, in: Marx Engels Gesamtausgabe MEGA II, Bd. 1.1, Akademie Verlag Berlin 1976. Siehe auch: MEW, Bd. 42, Berlin: Dietz 1983.

Morgenstern, Christian, Palmström, Palma Kunkel, München: dtv 1974.

Nash Jr., John F., Equilibrium points in n-person games, in: Proceedings National Academy of Sciences 36 (1950), S. 48-49.

Neumann, John von, Zur Theorie der Gesellschaftsspiele, in: Mathematische Annalen Nr. 100 (1928), S. 295-320.

Neumann, John von; Morgenstern, Oskar, Spieltheorie und wirtschaftliches Verhalten, Würzburg: Physica 1961, S. 79. Orig.: John von Neumann und Oskar Morgenstern: The Theory of Games and Economic Behavior, New York: Princeton University Press 1944.

Nietzsche, Friedrich, Jenseits von Gut und Böse, in: Werke, 2. Bd., hg. v. I. Frenzel, Hanser, München 1967 (2), S. 7-170.

Nobel, David F., Maschinen gegen Menschen. Die Entwicklung numerisch gesteuerter Werkzuegmaschinen. Stuttgart: Alektor-Verlag 1981; engl.: Social Choice in Machine Design. The Case of Automatically-Controlled Machine Tools, in: Monthly Review Press 1979.

Nora, S., Minc, A., Die Informatisierung der Gesellschaft, hg. v. U. Kalbhen, Frankfurt/Main, New York: Campus 1979.

Obermeier, Otto, P., Zweck, Funktion, System. Kritische Untersuchung zu Niclas Luhmanns Theoriekonzeptionen, Freiburg, München: Alber 1988.

Ogger, Günter, Nieten in Nadelstreifen, München: Droemer Knaur 1995.

Paschen, H., Coenen, R., Gloede, F., Sardemann, G., Tangen, H., Technifolgenabschätzung zum Raumtransportsystem »SÄNGER«. Bericht des Büros für Technikfolgenabschätzung des Deutschen Bundestages, TAB Arbeitsbericht Nr. 14, Bonn 1992.

Peter, Laurence J., Hull, Raymond, Das Peter-Prinzip oder die Hierarchie der Unfähigen, Reinbeck: Rowohlt 2000.

Peters, D. P., Ceci, S. J., Peer-review practices of psychological journals: The fate of published articles, submitted again, in: Behavioral and Brain Sciences 5 (1982), S. 187-255.

Piper, Nikolaus, Vorwort, in: Zeitpunkte (1996), Heft 6 »Ökonomie heute. Wirtschaftswissenschaften im Umbruch – Vordenker, Querdenker, Hochschulen«.

Platon, Der Staat, in: Platons Werke, Griechisch-Deutsch, hg. v. G. Eigler, übers. von F. Schleiermacher, Darmstadt: Wiss. Buchgesellschaft 1990, Bd. 1.

Platon, Symposium, in: Platons Werke, Griechisch-Deutsch, hg. v. G. Eigler, übers. von F. Schleiermacher, Darmstadt: Wiss. Buchgesellschaft 1990, Bd. 3.

Platon, Theaitetos, in: Platons Werke, Griechisch-Deutsch, hg. v. G. Eigler, übers. von F. Schleiermacher, Darmstadt: Wiss. Buchgesellschaft 1990, Bd. 6, S. 1-217.

Polzer, Joachim (Hg.), Aufstieg und Untergang des Tonfilms, in: Weltwunder der Kinematographie, Ausgabe 6. Potsdam: Polzer 2001.

Popper, Karl, Die offene Gesellschaft und ihre Feinde, 2 Bde., Tübingen: Mohr 1977.

Pribram, Karl, Geschichte des ökonomischen Denkens, 2 Bde., Frankfurt/Main: Suhrkamp 1992.

Priddat, Birger P., Hengsbach, Friedrich, Kerstin, W., Ulrich, H. G., Homo oeconomicus – der Mensch der Zukunft?, Stuttgart, Berlin, Köln: Kohlhammer 1998.

Priddat, Birger P., Schwarze Löcher der Verantwortung: Korruption – die negative Variante von Public-Private-Partnership, in: Jansen, St.

A./Priddat, B. P. (Hg.), Korruption. Unaufgeklärter Kapitalismus – Multidisziplinäre Perspektiven zu Funktionen und Folgen der Korruption, Wiesbaden: VS-Verlag 2005, S. 85-102.

Radermacher, Walter, Pressekonferenz »Bruttoinlandsprodukt 2007 für Deutschland« am 15.1.2008, Frankfurt/Main 2008, in: http://www.destatis.de/jetspeed/portal/cms/Sites/destatis/Internet/DE/Presse/pk/2008/Bruttoinlandsprodukt/Statement__Radermacher__PDF,property=file.pdf

Rawls, John, Eine Theorie der Gerechtigkeit. Frankfurt/Main: Suhrkamp 1979.

Reiner, H., Belohnung, in: Ritter, G. u. a. (Hg.), Historisches Wörterbuch der Philosophie Bd. 1, Darmstadt: Wiss. Buchgesellschaft 1971, Sp. 830-831.

Reiser, M., Numismatik und Neues Testament, in: Biblica 81 (2000), S. 457-588. Auch in: http://www.bsw.org/?l=71811&a=Comm10.html

Reiss, Steven, Who am I? The 16 Basic Desires that Motivates our Behavior and Define our Personality, New York: Tarcher Putnam 2000.

Ropohl, Günter, Technologische Aufklärung, Frankfurt/Main: Suhrkamp 1991.

Ropohl, Günter, Eine Systemtheorie der Technik, München: Hanser 1979. 2. Auflage: Allgemeine Technikwissenschaft, München: Hanser 1999.

Ropohl, Günter, Technik als Vehikel der Kapitalakkumulation, in: EuS Streitformum für Erwägungskultur Heft 3, 2002, S. 327 ff.

Roßnagel, Alexander, Digitale Rechteverwaltung – Eine gelungene Allianz von Recht und Technik? Schriftenreihe des Instituts für Europäisches Medienrecht (EMR), Band 34, Baden-Baden: Nomos Verlag 2009.

Ruch, Floyd L., Zimbardo, Philip, G., Lehrbuch der Psychologie, Berlin, Heidelberg, New York: Springer 1975, 2. Aufl.

Sagebiel, Felizitas, Gendered organisational engineering cultures in Europe, in: Welpe, I., Reschka, B, Larkin, J. (eds.), Gender and Engineering – Problems and Possibilities, Frankfurt/Main: Peter Lang Verlag 2007, S. 149-173.

Savage, Leonard J., The Foundation of Statistics, New York: Wiley 1954, 1972, 2nd ed.

Schmidt, R., Schwalbach, J., Zur Höhe und Dynamik der Vorstandsvergütung in Deutschland, in: Zeitschrift für Betriebswirtschaft ZfB, Special Issue (2007/1), S. 111-122.

Schupp, Jürgen, Das rechte Gehalt, Interview, Süddeutsche Zeitung München vom 5.3.2005. www.sueddeutsche.de/jobkarriere/549/339395/text/

Selenz, Hans Joachim, Schwarzbuch VW: Wie Manager, Politiker und Gewerkschafter den Konzern ausplündern, Frankfurt/Main: Eichborn 2005.

Selten, Reinhard, Reexamination of the Perfectness Concept for Equilibrium Points in Extensive Games, in: Int. Journal of Games Theory 4 (1975/1), S. 25-55.

Sidgwick, H., The methods of ethics, MacMillan, London 1884, reprint: Chicago: University of Chicago Press, 1962.

Sigmund, Karl, Fehr, Ernst, Nowak, Martin A., Teilen und Helfen – Ursprünge sozialen Verhaltens, in: Spektrum der Wissenschaft Dossier: Fairness, Kooperation, Demokratie – Zur Mathematik des Sozialverhaltens, Heidelberg 2006, Heft 5, S. 55-62.

Simmel, Georg, Theorie des Geldes (1900), in: Gesamtausgabe Bd. 6, Frankfurt/Main: Suhrkamp 1989.

Smith, Adam (1776), An Inquiry into the Nature and Causes of the Wealth of Nations. (1776), 2 Bde., München: Faksimile Nachdruck in IDION-Verlag 1976, deutsch: Smith, Adam, Der Wohlstand der Nationen. Eine Untersuchung seiner Natur und seiner Ursachen, hg. v. H. C. Recktenwald, München: Deutscher Taschenbuchverlag 2005, 11. Auflage.

Smith, Adam, Theorie der ethischen Gefühle, übers. von Walther Eckstein, Hamburg: Meiner 2004.

Snyder, Solomon H., Drugs and the Brain, Scientific American Books, New York: Freeman and Company 1996.

Sokal, Alan, Bricmont, Jean, Eleganter Unsinn. Wie Denker der Postmoderne die Wissenschaft mißbrauchen, München: C. H. Beck 1999.

Spinoza, Benedictus de, Die Ethik, lateinisch-deutsch, übers. von Jacob Stern, Stuttgart: Reclam 1977.

Spinoza, Benedictus de, Die Ethik, übers. von Jacob Stern, Stuttgart: Reclam 1975.

Spohn, Wolfgang, Grundlagen der Entscheidungstheorie, München: Scriptor 1978.

Statistische Ämter des Bundes und der Länder (Hg.), Kulturfinanzbericht, Ausgabe 09/2008.

Stifterverband für die Deutsche Wissenschaft, http://www.forschungs expedition.de/generator/wj2009/de/02__Forschungsfragen/__Part nerfragen/Fragen_20Stifterverband.html (März 2009).

Sue, Eugène, Les Mystères de Paris (Die Geheimnisse von Paris), Bruxelles: Société belge de librairie 1843.

Suetonius, De vita Caesarum, Vespasian, in: Sueton, Cäsarenleben. Stuttgart: Kröner 2001, S. 69-79.

Szeliga, Franz, »Eugen Sue: Die Geheimnisse von Paris, Kritik.«, in: Allgemeine Literaturzeitung, Heft VII, Juni 1844.

Thomas von Aquin, Summe der Theologie. Bd. I. Stuttgart: Kröner 1985.

Ulrich, P., Integrative Wirtschaftsethik, Grundlagenreflexionen der ökonomischen Vernunft, in: Ethik und Sozialwissenschaft 11 (2000), Heft 4, S. 555-567.

Verein Deutscher Ingenieure (VDI), Technikbewertung – Begriffe und Grundlagen, VDI-Richtlinie 3780, VDI, Hauptgruppe Der Ingenieur in Beruf und Gesellschaft, Ausschuß Grundlagen der Technikbewertung, Düsseldorf: VDI 1991, Beuth, Berlin: VDI-Verlag 1991.

Vogt, Heinrich, Die Erfindung des Lichttonfilms, in: Dt. Museum, Abhandlungen und Berichte 32 (1964), S. 2 ff. Vgl. auch in: www.film vorfuehrer.de/indes.php/Vogt_Die_Erfindung_des_Lichttonfilms

Vogt, Katrin, Interessenerzeugung durch individuelle Belohnung oder Übung zur Verhinderung von social loafing in Kooperationssituationen, Masch. Diss. Fakultät für Informations- und Kognitionswissenschaften der Eberhard-Karls-Universität Tübingen 2004, in: http://w210.ub.uni-tuebingen.de/dbt/volltexte/2005/1796/pdf/Dis sertation_Vogt.pdf

Völz, H., Handbuch der Speichertechnik, Bd.2: Mittelbar wahrnehmbare Technik, Berlin: Shaker 2005.

Weber, Max, Die protestantische Ethik und der Geist des Kapitalismus, in: Gesammelte Aufsätze zur Religionssoziologie. Bd. I; Fotomech. Nachdruck, Tübingen: Mohr (Paul Siebeck) 1986, 8. Aufl.

Weber, Max, Politik als Beruf, in: Weber, M., Soziologie, Universalgeschichtliche Analysen, Politik, hg. v. J. Winckelmann, Stuttgart 1973, S. 157-185.
Weinberg, Peter, Nickel, Oliver, Grundlagen der Erlebniswirkung von Marketingevents, in: Nickel, Oliver (Hg.), Event Marketing. Grundlagen und Erfolgsbeispiele, München 1989, S. 61-75.
Weisser, Gerhard, Die Überwindung des Ökonomismus in der Wirtschaftswissenschaft (1954), in: Weisser, Gerhard, Beiträge zur Gesellschaftspolitik, Göttingen 1978, S. 573- 601.
Weizsäcker, E. U. von, Erdpolitik. Ökologische Realpolitik an der Schwelle zum Jahrhundert der Umwelt, Darmstadt: Wiss. Buchgesellschaft 1990.
Wessels, J., Beulke, W., Strafrecht, Allgemeiner Teil – Die Straftat und ihr Aufbau, Müller, Heidelberg 2007.
Wolf, Julia, Auf dem Weg zu einer Ethik der Sucht, Masch. Diss. Fakultät für Biologie, Universität Tübingen 2003.
Wolff, Christian, Vernünftige Gedanken von des Menschen Tun und Lassen, zur Beförderung ihrer Glückseligkeit (1721), in: Gesammelte Werke, hg. v. H. W. Arndt u. a. Abt. I, Bd. 4, Hildesheim: Olms 1999.
Wolff, Christian, Philosophia practica universalis, methodo scientifica pertractata. Vol. 1, Frankfurt/Main, Leipzig: Rengeriana 1738-1739.
Wuketits, Franz M., Was ist Soziobiologie? München: C. H. Beck 2002.

Zoglauer, Thomas, Das Problem der Theoretischen Terme, Vieweg: Braunschweig 1993.

Inhaltsverzeichnis

edition unseld
Das erste Programm

Sandra Mitchell. Komplexitäten. Warum wir erst anfangen, die Welt zu verstehen. Aus dem Englischen von Sebastian Vogel. eu 1. 173 Seiten

Robert B. Laughlin. Das Verbrechen der Vernunft. Betrug an der Wissensgesellschaft. Aus dem Englischen von Michael Bischoff. eu 2. 159 Seiten

Rolf Landua. Am Rand der Dimensionen. Gespräche über die Physik am CERN. eu 3. 105 Seiten

Wolf Singer/Matthieu Ricard. Hirnforschung und Meditation. Ein Dialog. Aus dem Englischen von Susanne Warmuth und Wolf Singer. eu 4. 133 Seiten

Josef H. Reichholf. Stabile Ungleichgewichte. Die Ökologie der Zukunft. eu 5. 138 Seiten

Bernard Stiegler. Die Logik der Sorge. Verlust der Aufklärung durch Technik und Medien. Aus dem Französischen von Susanne Baghestani. eu 6. 183 Seiten

Durs Grünbein. Der cartesische Taucher. Drei Meditationen. eu 7. 143 Seiten

Dietmar Dath. Maschinenwinter – Wissen, Technik, Sozialismus. Eine Streitschrift. eu 8. 130 Seiten

NF 651/1/2.08

NF 912/1/11.08